# YACHTING
## START TO FINISH

# 帆 船
## 入门—进阶

原 作 者：Barry Pickthall

版权所有：Fernhurst Books

编 译：曲 春

翻 译：辛 婧 张 青 谷 菁 李 龙 周广达

校 对：陈 琨

编 审：康 鹏 孙茂纯

中国海洋大学 出版社

CHINA OCEAN UNIVERSITY PRESS

·青岛·

**图书在版编目（ＣＩＰ）数据**

帆船：入门—进阶 / 曲春编译 . -- 青岛：中国海洋大
学出版社 , 2020.12

书名原文：Yachting：Start to Finish

ISBN 978-7-5670-2683-4

Ⅰ . ①帆… Ⅱ . ①曲… Ⅲ . ①帆船运动－基本知识

Ⅳ . ① G861.4

中国版本图书馆 CIP 数据核字 (2020) 第 246261 号

**帆船：入门—进阶**

| | | | |
|---|---|---|---|
| 出版发行 | 中国海洋大学出版社有限公司 | | |
| 社　　址 | 青岛市香港东路23号 | 邮政编码 | 266071 |
| 出 版 人 | 杨立敏 | 电子信箱 | 2586345806@qq.com |
| 网　　址 | http://pub.ouc.edu.cn | 订购电话 | 0532 - 82032573（传真） |
| 责任编辑 | 矫恒鹏 | 电　　话 | 0532 - 85902349 |
| 装帧设计 | 王谦妮 | 成品尺寸 | 170 mm × 230 mm |
| 印　　制 | 北京虎彩文化传播有限公司 | 印　　次 | 2020年12月第1次印刷 |
| 版　　次 | 2020年12月第1版 | 印　　张 | 13.75 |
| 字　　数 | 256千 | 印　　数 | 1～2000 |
| 书　　号 | ISBN 978-7-5670-2683-4 | 定　　价 | 150.00元 |

发现印装质量问题，请致电0532-88785354，由印刷厂负责调换。

第二版由 Fernhurst 图书有限公司于 2019 年出版

版权所有 ©2019 Fernhurst 图书有限公司
温迪米尔，米尔巷，哈伯里，利明顿温泉，沃里克郡，CV33 9HP，英国
电话：+44（0）1926 337488 | www.fernhurstbooks.com

第一版由约翰威利父子有限公司于 2009 年出版

本书部分来自于英国水文局的材料，材料是在英国水文局和女王文书局的许可下获得的。

© 英国王室版权所有 2019。保留所有权利。
请勿将本书用于导航
注意：英国水文局（UKHO）及其许可方对本书不做任何明确的或暗示的保证或陈述。UKHO 及其许可方未核实此作品中的信息并不保证此作品的质量。

我们要感谢 A & C Black 的许可，允许引用安迪·杜·波特（Andy du Port）和内维尔·费瑟斯通（Neville Featherstone）的《2009 年里德年鉴》[艾德拉德·科尔斯航海 （Adlard Coles Nautical），A&C Black 出版社出版] 的内容。
本书的目录记录可从大英图书馆获得
平装版 ISBN 9781912177271
电子书 ISBN 9781912621132

插图：Greg Filip / PPL

# 目　录

# 开始吧

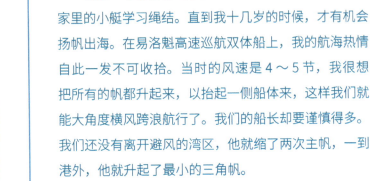

我第一次接触帆船运动时还是个孩子，那时我用家里的小艇学习绳结。直到我十几岁的时候，才有机会扬帆出海。在易洛魁高速巡航双体船上，我的航海热情自此一发不可收拾。当时的风速是 4 ～ 5 节，我很想把所有的帆都升起来，以抬起一侧船体来，这样我们就能大角度横风跨浪航行了。我们的船长却要谨慎得多。我们还没有离开避风的湾区，他就缩了两次主帆，一到港外，他就升起了最小的三角帆。

我们仍设法超过了 10 节，但我清楚地记得当时的挫败感。当然，他是对的。在小艇上，你被教导要最大限度地利用小艇，最坏的情况是翻船、把自己弄湿。但更重的龙骨船和巡航大帆船，载荷会指数级增加。

除载荷之外，驾驶小艇和大帆船的区别并不大。当然，基本原理是一样的。龙骨船的一个显著优势是，由于龙骨很重，她们不会翻船！主要的缺点是，由于吃水较深，龙骨船很容易搁浅并卡住——当然，除非你有本书中介绍的 Southerly 那样的大帆船，她有一个可旋起式龙骨，按下按钮就可以升降！

如今，许多人都慢慢地在生活中发现了航海的乐趣。他们完全跳过了传统的小艇入门阶段，通过朋友或度假经历直接接触到了巡航大帆船和龙骨船。

这很好，但买船通常是许多人最大的支出之一，

所以你在"入坑"前搞清楚自己是在做什么，绝对是一个明智之举，或者至少在船上有一个经验丰富的人来告诉你该怎么做。更好的办法是，报名参加英国皇家航海学院 (UKSA) 组织的航海入门课程，不仅要学习驾船去你想去的地方的基本知识，还要学习如何停靠、缩帆、通信和安全导航。这些都是基本的技能，一旦你有足够的能力和信心去驾船度过一个愉快的周末，你对船的选择就会更加明智。

这本龙骨船／巡航大帆船手册根据英国 UKSA 的教学体系构建了一个循序渐进的指南，旨在为读者提供全面的基础知识，使其能够安全地驾船出海。

帆船运动是一项极具参与性的运动，老少皆宜。残疾也不是障碍。如今，即使是普通的大帆船上也有声音指南针为盲人提供指引，为截瘫患者提供滑动座椅，为轮椅使用者提供轮椅升降装置，每个人都有机会感受海上生活。

你会爱上航海的！

巴里·皮克索（Barry Pickthall）

# 船只部件

## SB20（以前的激光SB3）

- 桅杆
- 主帆
  （张挂到桅杆和帆杆上的帆）
- 侧支索
  （桅杆的侧向支撑）
- 侧甲板
  （其形状适合坐在其上压舷，来抵抗风的横倾力，使船保持平衡）
- 左舷（船的左手边）
- 压舷把手
  （防止船员压舷时滑出船外的安全把手）
- 帆杆
- 驾驶舱
  （船内的船员区域）
- 舷缘
  （船的外侧边缘）
- 舵柄
  （用来操控舵）
- 船尾排水孔
  （船尾部的孔，可在进水后使水排出驾驶舱）
- 船尾
  （船的后端）
- 固定舵
  （控制船的方向）
- 副舵柄
  （通过万向节连接在舵柄上，它扩展了舵柄的作用范围，使舵手坐在舱外时也能操控舵）

- 主缭
  （控制主帆角度和张力的系统）

- 三角帆（前帆）
- 前甲板/船头浮箱
  （当船进水时保持船头向上的浮力装置）
- 右舷
  （船的右手边）
- 伸缩式船首撑杆
  （用于张挂不对称球帆）
- 船头（船的船首或前端）
- 帆杆斜拉器（张力器）
  （控制帆形和后缘张力）
- 前帆导缆器
  （控制三角帆或前帆缆绳的可调导缆孔）
- 船体
  （船的外壳）

- 鹅颈座
  （将帆杆连接到桅杆上的铰接）

- 水滴形龙骨
  （可升起便于拖带，高展舷比的金属翼形配重，以抵消帆的侧向力和横倾力）

9085

SB20

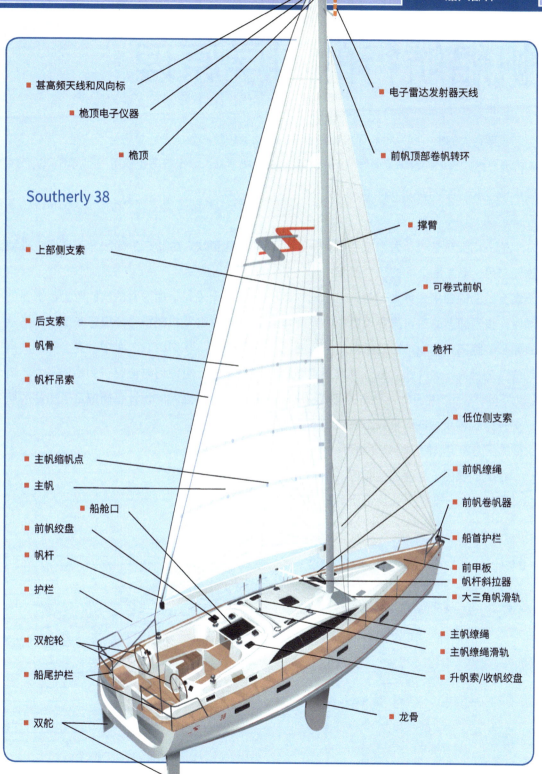

■ 甚高频天线和风向标

■ 桅顶电子仪器

■ 桅顶

**Southerly 38**

■ 上部侧支索

■ 后支索

■ 帆骨

■ 帆杆吊索

■ 主帆缩帆点

■ 主帆

■ 船舱口

■ 前帆绞盘

■ 帆杆

■ 护栏

■ 双舵轮

■ 船尾护栏

■ 双舵

■ 电子雷达发射器天线

■ 前帆顶部卷帆转环

■ 撑臂

■ 可卷式前帆

■ 桅杆

■ 低位侧支索

■ 前帆缭绳

■ 前帆卷帆器

■ 船首护栏

■ 前甲板

■ 帆杆斜拉器

■ 大三角帆滑轨

■ 主帆缭绳

■ 主帆缭绳滑轨

■ 升帆索/收帆绞盘

■ 龙骨

# 帆船航行的科学原理

一架巨大的喷气式飞机仅靠机翼和展开的起落架缓缓降落的画面总是让我敬畏。重达 380 吨的庞然大物是如何这样缓慢地飞行而不会从天上掉下来？这个答案也适用于回答帆船航行中的常见问题：帆船为何能与风成近 40°角航行？

这一切都与空气动力学以及机翼——侧表面与另一侧表面之间的压力差相关。飞机机翼上表面的曲率会更大一些。当它向前运动时，该表面上的气流需要以更快的速度流过较长的距离，才能与沿较平坦的下表面流动的气流相遇。这种速度差异导致上表面的压力下降，从而产生升力。飞机的速度越快，这个升力就越大，直到机翼上表面和下表面之间的压力差足以使飞机离开地面。

在帆的表面上也会发生相同的情况。沿帆背面或下风一侧的气流比沿上风一侧的气流流速更快。由此产生的压力差会产生推动帆船前进的力。

如果没有帆船龙骨的横向阻力，帆上的这股力就会使帆船横移。最好的演示方法就是握住刀，将刀刃放入水中，先上下移动再左右移动，看你何时能感觉到横向阻力。帆和船体形状之间的设计平衡决定了船迎风航行的效率。

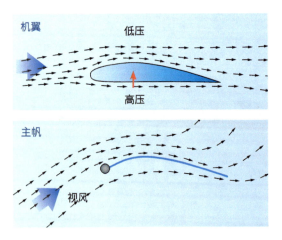

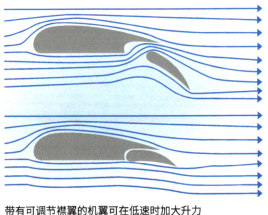

带有可调节襟翼的机翼可在低速时加大升力

过去的载货帆船形状像尖头的砖块，只有在横风和顺风时才能提速。如果风向靠近船头，她们便无法向前航行。的确，那些在合恩角附近向西行驶的船只，无论被逆风困住多长时间，终将掉头，沿另一个方向环球航行，而不是浪费时间试图去对抗它。

相比之下，像 SB20 这样的现代龙骨船可以非常高效地迎风航行，前提是船员通过位置调整，以体重平衡风的侧倾力。该效应因前帆的存在而得到了提升，它会引起缝隙效应，其效果与飞机机翼上的襟翼在低速起飞和降落时提升升力系数的方式相同。气流通过前帆和主帆之间的"窄缝"时变窄并加速，从而提高了升力系数。

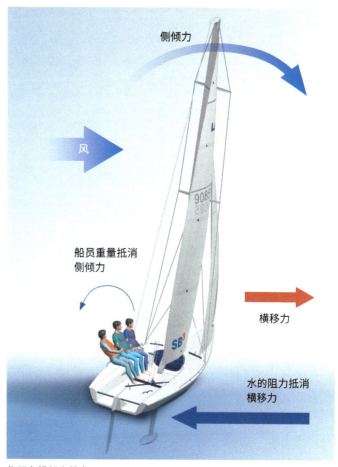

作用在帆船上的力

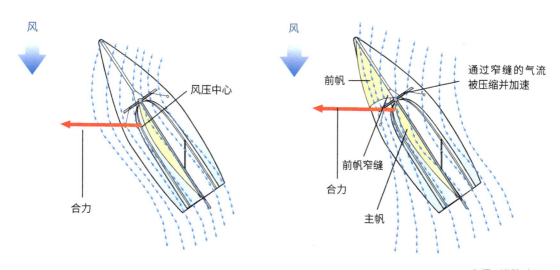

前帆引导气流穿过前后两面帆之间的窄缝，使气流在主帆背面附近加速，从而进一步加大上风侧和下风侧的压力差。

### 风压中心

现代龙骨船的平衡性非常好，以至于仅靠调节帆就可以改变航向。实际上，UKSA 的讲师将向学员展示如何改变风压中心在帆平面中的位置以及由此对航线产生直接影响。学员将了解到通过松开前帆（有风压中心后移的效果），帆船将转向更靠近风的地方。相反地，松开主帆并拉紧前帆会使风压中心前移并改变船的平衡，从而使船顺风偏转。

风压中心

侧阻中心

## 视风

视风是船向前航行时作用在帆上的实际气流，其速度和方向与静止观察者所感受到的真风或盛行风不同。

航行时，视风是决定船帆调整角度的重要因素。帆船航行得越快，视风与船头的夹角越小、速度越大。船上的风向标测量到的是视风。静止的指示标，如岸上的旗帜或锚定的船，指示了真风。

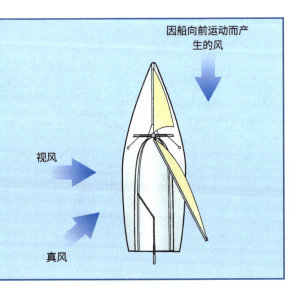

因船向前运动而产生的风

视风

真风

　　风压中心是在帆面上的一个点。如果帆是一张切好的卡片，则风压中心就可以使卡片在针尖上保持平衡。帆具上的中心点必须与船体水下部分的阻力中心（龙骨上的一个点）保持平衡。这两个点在垂直面上越近，则船的平衡性越好。在强风中缩帆时记得这一点是很重要的。如果你仅减小了主帆面积而没有相应减小前帆面积，船将表现出顺偏舵，一直会有要顺风偏转的趋势。相反地，如果你降下了前帆而没有减小主帆面积，则船会自然地转向迎风，且舵感会很重，也就是迎偏舵。

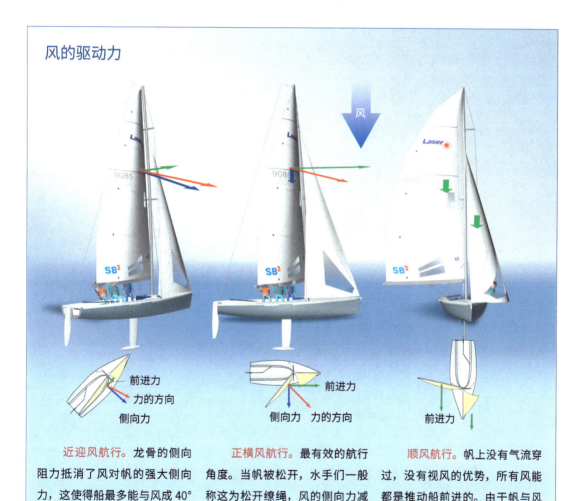

## 风的驱动力

**近迎风航行。**龙骨的侧向阻力抵消了风对帆的强大侧向力，这使得船最多能与风成40°角向前航行。

**正横风航行。**最有效的航行角度。当帆被松开，水手们一般称这为松开缭绳，风的侧向力减小，帆上产生的能量提供了额外的驱动力。

**顺风航行。**帆上没有气流穿过，没有视风的优势，所有风能都是推动船前进的。由于帆与风成90°角，帆两侧之间的气流大大减少。所以，船速永远不会超过风速。

# 航行角度

航行时，风的强度和方向都至关重要。环顾四周，看看旗帜飘扬的方向。你还可以通过转动脸部来感受风并感知风向。耳朵也非常适合感知风，和声音一样。当你从一个航行角度改变到另一个航行角度时，还必须调整帆和船员的位置，以使其与船达到平衡，向风航行或离风航行。

■ **近迎风：与风大约成 45°角**
这是收紧帆迎风航行的状态，在敞开式龙骨船上，如 SB20，船员的重量要集中到上风一侧来平衡船只。

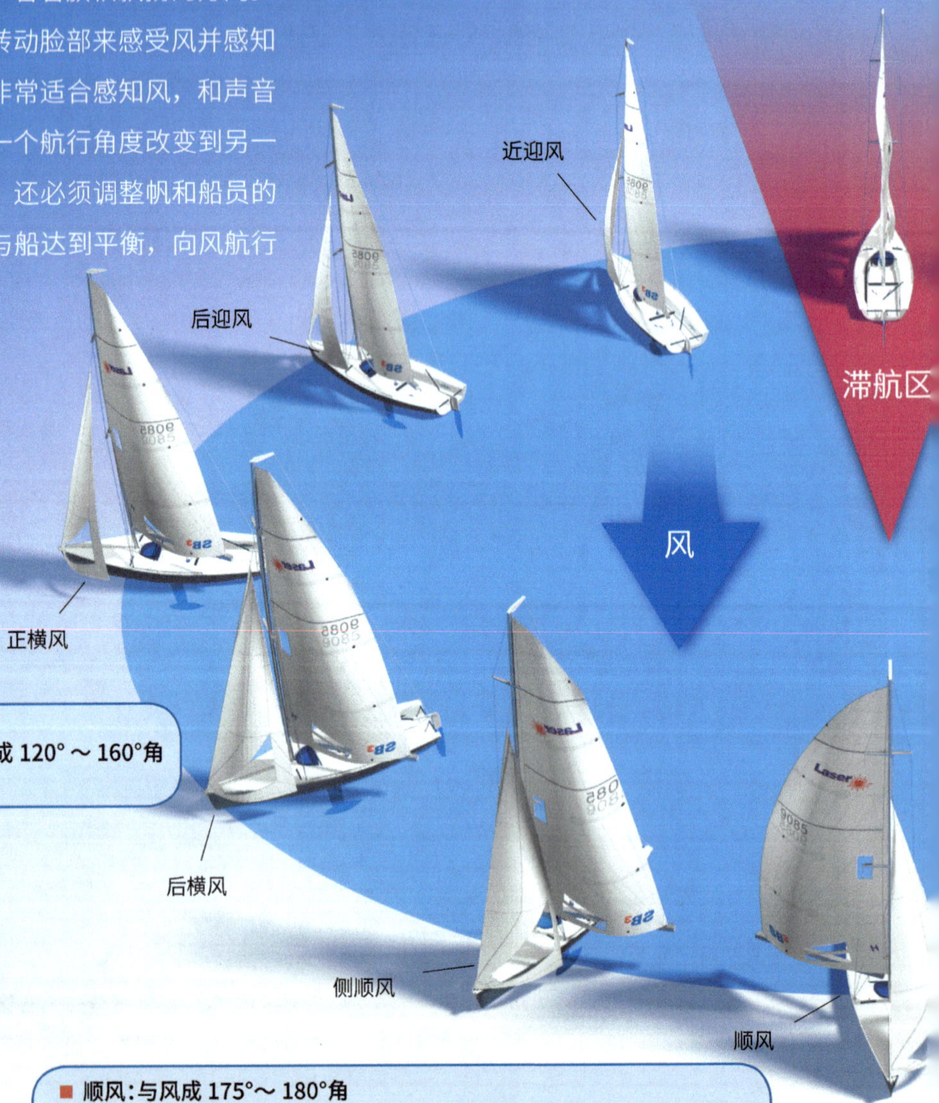

近迎风

滞航区

风

后迎风

正横风

■ **后横风：与风成 120°～ 160°角**

后横风

侧顺风

顺风

■ **顺风：与风成 175°～ 180°角**
以左舷或右舷直接顺风航行。帆完全放出；前帆可以位于主帆的另一侧（蝴蝶帆）以获得更大的受风面积。

■ **正顶风**

这是滞航区，从风来的方向两侧各延伸出 45°的范围内。偏转到过于靠近风时，就会开始飘帆，船将减速，甚至最终向后漂移。唯一能前进的方法是，在风的任一侧与其成 45°角并收紧帆，采用之字形的航线航行。这叫作迎风航行。

■ **后迎风(近横风)：与风成 50°～ 80°角**
帆被松出一点，船员继续压舷。

■ **正横风：与风成 90°角**
帆被松出一半，船员继续压舷。

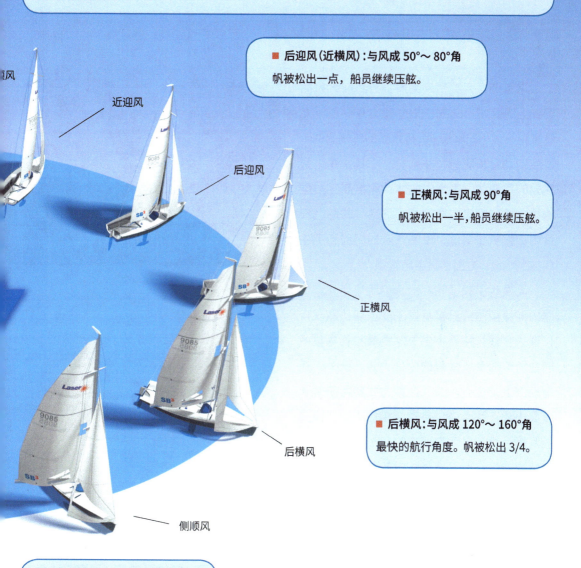

风

近迎风

后迎风

正横风

后横风

侧顺风

■ **后横风：与风成 120°～ 160°角**
最快的航行角度。帆被松出 3/4。

■ **侧顺风：与风成 170°角**
初学者最安全的顺风航行角度。

# 选船

常言道，竞赛带来品质提升。在大帆船设计上更是如此，在过去的 50 年中，她从龙骨和舵一体化的窄长、大排水量的传统船体，发展到龙骨和舵结构多样化、小排水量、更高效的宽船体。更大的船体体积提高了船型的稳定性和顺风性能，并在最适中的船型尺寸中安排更多铺位、设备齐全的厨房和卫生间的巡航设计方面更具实用效果。

竞赛也引领了轮廓形状的明显变化。优雅的前倾型船头已被垂直干舷型船头取代，以延长水线，并最小化末端重量和长悬垂帆船在跨浪时令人眩晕的俯仰力矩。此外，还有经济上的优势，通过这种方式使得船体长度最小化，从而泊位费也会相应减少。反向船尾是从竞赛界演变而来的另一种减轻重量的解决方案，现已被巡航帆船制造商广泛接受，以提供一个游泳平台及从小艇上轻松登船的路径。最受欢迎的水下配置是像 SB20 上的鳍形龙骨和悬挂舵。作为可拖曳的运动型龙骨帆船，这个鳍形龙骨可以像稳向板一样收缩，因此可以使用公路拖车在浅滩上下水，而不必使用起重机来吊装。

Southerly 46 RST大帆船。

SB20上的鳍形龙骨和悬挂舵。

一些多体船采用相同的设计理念，每个船体均装有可升举的稳向板，尽管与龙骨船不同，但她们具有正浮力且不加配重，易于提起和放下。

巡航多体船（通常是双体船）与单体船相比，还有其他优势，包括更大的顺风航速，用于日光浴的大前甲板以及横跨船桥甲板的宽敞公用舱和从两个船体之间划分出的私人睡眠区，甲板下的空间很大。然而，在许多人眼中，她们的最大特点是多体船不会像单体船那样产生倾斜，但她们更容易受到重量增加的影响。整备的船员及其装备总是会牺牲船的速度优势。

Southerly 系列帆船的摇摆龙骨结构。

同时深吃水龙骨提高了性能，增强了稳定性。铸铁翼形龙骨在一块与船壳底部接驳的金属板内旋转，按下按钮时可操作液压杆将其升高或降低。这块铸铁的金属板具有多种功能：它可作为固定压舱物，为龙骨提供一个强大的转轴支点，在船触底时保护船底。当船搁浅时，这种升降式龙骨和设在船尾两侧的双舵同时工作，它们就像三脚架的两条腿一样维持船体水平。

Lagoon380巡航双体船。

Southerly 系列摇摆龙骨巡航帆船的制造商 Northshore 船厂十分推崇可伸缩龙骨的概念，其使船能在浅水航道和海滩自由航行，

Southerly 43 RST摇摆龙骨帆船安全地停靠在沙滩上。

双舵的配置也来源于竞赛。这是 Open 60 大洋竞赛帆船上常见的概念，沿垂直方向张开 20°或更大，甚至在船只倾斜时，下风侧的翼形部件仍可具有完美的操控性能。

双舵在船倾斜时能提供更好的操控性能。

船底侧龙骨是浅水巡航帆船的另一个流行概念。迎风航行时，双龙骨的效率不如单龙骨，但它们的简单性提供了一种廉价的选择，特别对于那些半日潮（译者注：每日出现两次满潮和两次退潮，而且两次高潮位或两次低潮位大致相等，即为半日潮。）系泊或计划在港口经常会退潮干涸的区域航行的人而言。

典型的船底侧龙骨型帆船。

物理学指出，重心越低，稳定性越高。设计师通过多种方式来处理这个问题。一种方式是在龙骨末端增加一个水滴形龙骨或翼形压载，这不仅提高了稳性系数，也为龙骨末端提供了端板效应，改善了流体的动力学特性。

水滴形龙骨设计使稳定性最大化。

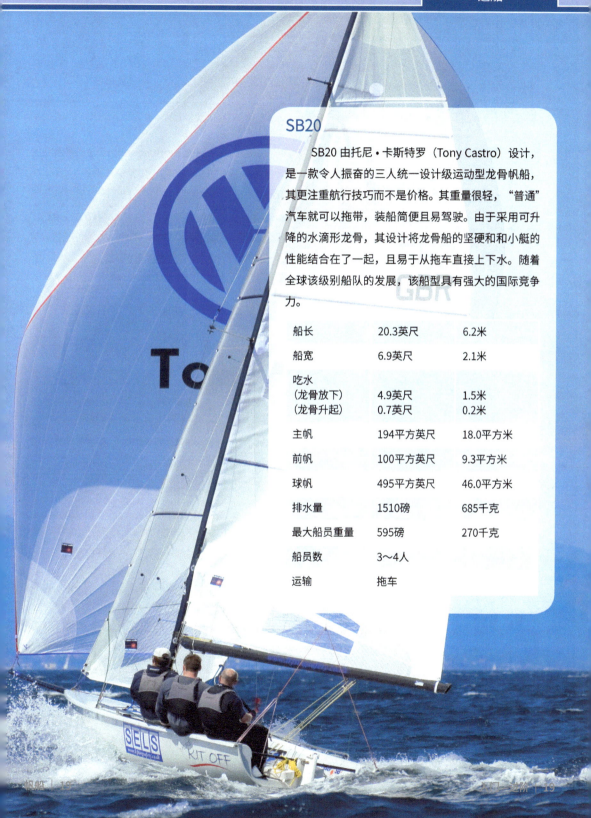

## SB20

　　SB20 由托尼·卡斯特罗（Tony Castro）设计，是一款令人振奋的三人统一设计级运动型龙骨帆船，其更注重航行技巧而不是价格。其重量很轻，"普通"汽车就可以拖带，装船简便且易驾驶。由于采用可升降的水滴形龙骨，其设计将龙骨船的坚硬和和小艇的性能结合在了一起，且易于从拖车直接上下水。随着全球该级别船队的发展，该船型具有强大的国际竞争力。

| | | |
|---|---|---|
| 船长 | 20.3英尺 | 6.2米 |
| 船宽 | 6.9英尺 | 2.1米 |
| 吃水<br>（龙骨放下）<br>（龙骨升起） | 4.9英尺<br>0.7英尺 | 1.5米<br>0.2米 |
| 主帆 | 194平方英尺 | 18.0平方米 |
| 前帆 | 100平方英尺 | 9.3平方米 |
| 球帆 | 495平方英尺 | 46.0平方米 |
| 排水量 | 1510磅 | 685千克 |
| 最大船员重量 | 595磅 | 270千克 |
| 船员数 | 3～4人 | |
| 运输 | 拖车 | |

## Southerly 38

　　Southerly 38 是 Northshore 船厂生产的摇摆龙骨高性能系列帆船之一。由史蒂芬·琼斯（Stephen Jones）设计的这款宽船体、6 床位的巡航船拥有宽敞的驾驶区及甲板下的超大空间。她清晰、整洁的甲板设计和现代化的索具分类，使得只需两位船员即可轻松操作，新颖的龙骨提升装置也对船东极具吸引力。

| | | |
|---|---|---|
| 船长 | 39.4英尺 | 12.0米 |
| 水线长度 | 36.0英尺 | 11.0米 |
| 船宽 | 13.0英尺 | 4.0米 |
| 排水量 | 21,872磅 | 9,221千克 |
| 吃水<br>（龙骨放下）<br>（龙骨升起） | 8.5英尺<br>2.6英尺 | 2.6米<br>0.8米 |
| 主帆 | 472平方英尺 | 44.0平方米 |
| 前帆 | 100平方英尺 | 9.3平方米 |
| 球帆 | 872平方英尺 | 81平方米 |
| 船员数 | 6人 | |

## 帆具类型

**百慕大桅顶Sloop（单桅）帆具**
传统巡航船帆具，配有三角形主帆和全尺寸前帆（与主帆有重叠）。

**Cutter帆具**
与百慕大桅顶帆具类似，但在大前帆和主帆之间增加了一套支索帆作为中间帆。

**Fractional帆具**
百慕大帆具的现代替代品。较小的前帆更易操控，主帆增加了额外面积以进行补偿。

**Yawl帆具**
一种双桅帆具，后桅安装在舵之后。后桅帆比Ketch帆具上的要小。

**Ketch帆具**
一种双桅帆具，后桅安装在舵之前。这是一种很受欢迎的蓝水巡航帆具，因为单个的帆面积较小，因此更易于操作。

**Gaff帆具**
一种传统的船帆布局设计，顶部由斜桁支撑一面四边形主帆。

**Cat/Freedom帆具**
流行于美国的一种简单帆具，在靠近船头的无支索桅杆上张挂一面大主帆。现代版的Freedom版本配备了与帆板类似的叉形帆杆，得到了蓝水巡航爱好者的青睐。

# 购船

这可能是你购买的最昂贵的商品之一，因此应像购置房产一样，在定金和付款方面保持谨慎。

如果你是通过经销商或从库存中购买，请确认该公司有运营中的客户账户，并将款项直接付到该账户。

检查合同中是否包含完整的规格或配置清单。如果使用分期付款采购船体模具、发动机、帆、支索和其他设备，确保这些物品的所有权转移给了你，在船体编号上明确标识并已投保。

如果是买二手船，请核查其是否被抵押。如已抵押，它会列在船只的注册文件上并记录在"小型船舶在线注册"（英国针对船长 24 米以下的民用船艇注册系统）数据库中。

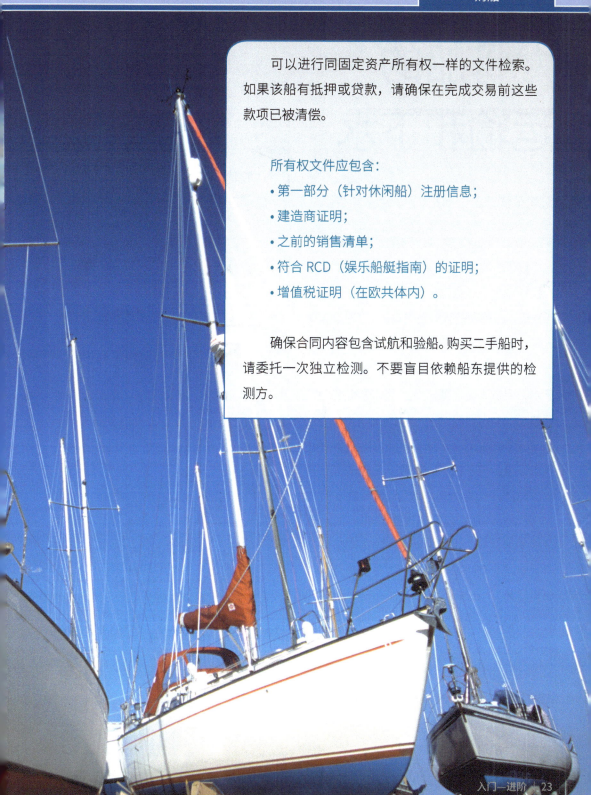

可以进行同固定资产所有权一样的文件检索。如果该船有抵押或贷款，请确保在完成交易前这些款项已被清偿。

所有权文件应包含：

- 第一部分（针对休闲船）注册信息；
- 建造商证明；
- 之前的销售清单；
- 符合 RCD（娱乐船艇指南）的证明；
- 增值税证明（在欧共体内）。

确保合同内容包含试航和验船。购买二手船时，请委托一次独立检测。不要盲目依赖船东提供的检测方。

# 龙骨船的
# 运输和下水

诸如 SB20 之类的运动型龙骨船的设计是可以干仓存放的：在工作日将其存放在岸上的拖车上，避免其附着海草，无须进行防污处理，在每次航行时用拖车上、下水即可。现在，许多帆船俱乐部和码头都拥有安全的干仓来存放船只，并有坡道或起重机供其上下水，但放下桅杆把船拖回家几乎和这一样容易。

许多国家的拖车规定都要求牵引车的自重必须至少等于挂车的重量，且挂车也应装有制动器。有些国家／地区还将驾龄限制在 21 岁以上，并且必须通过额外的考试，因此在出发之前，请务必检查你的驾照是否允许你拖带重型拖车，以及你的车辆是否具备拖带能力。

SB20 重 1400 磅（635 千克），龙骨升起时吃水仅有 9 英寸（23 厘米），因此任何中型家用车都能进行拖带。像 J/24 和 J/80 这样大一些的船，龙骨是固定的，就需要较大的车辆来进行拖带，还需要码头起重机或卷扬机来上下水。

❶ 确保装载拖车架时让中心略微靠前，避免刹车时"蛇行"失控。

❺ 在吊装桅杆前理好侧支索和升帆索。

② 把保险钢缆套在拖车球头上,锁定拖车前支撑轮。

③ 爬上拖车前,放下拖车的千斤顶。

④ 准备好用来将SB20龙骨升降到位的临时起重机。

⑥ 将桅杆根部连接到桅杆底座上。

⑦ 将侧支索连接到支索底板上。

⑧ 用拖车上的绞盘升起桅杆。

⑨ 将前支索连接到船首配件上。

⑩ 用胶带保护侧支索。　⑪ 把前帆挂钩固定到前支索上。　⑫ 下水时，可在拖车和汽车之间绑上绳子，以延长拖车在水中可行驶的距离。

⑮ 牢牢地抓住船首缆，把船从拖车上松开。　⑯ 安装好舵。　⑰ 把船转向迎风，升起主帆。

⑬ 用手势与驾驶员进行沟通。

⑭ 将船与拖车分离。

⑱ 把升帆滑块塞进桅杆滑轨。

⑲ 连接控帆索。

⑳ 升起前帆……你已经做好出发准备了。

# 帆具

　　像 SB20 这类统一设计的帆船，其桅杆、帆杆、索具和帆都是标准化的，但许多量产巡航船的设计中，每条船的帆具是不尽相同的。

　　首先是要检查确认桅杆和底座是否完全相符。基于龙骨安装的桅杆，同样要检查甲板桅杆口。如果在任一点上有间隙，则航行时桅杆就会无法控制地旋转和弯曲，从而白白浪费了你所做的全部精细调整。

　　首次安装索具，必须使桅杆垂直且两侧的索具张力相同。

　　张力计可以很精确地测量和复制这些安装设置。

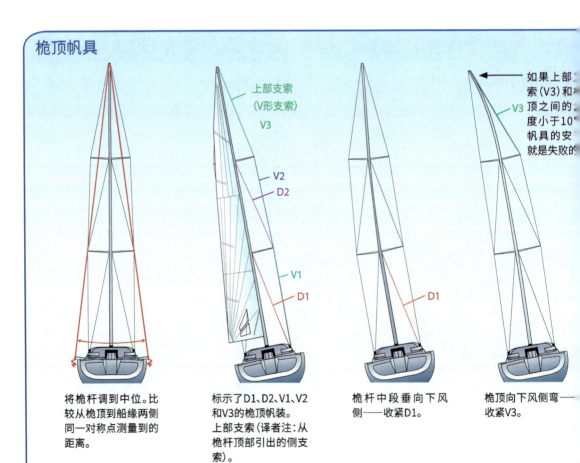

## 桅顶帆具

上部支索
（V形支索）
V3

V2

D2

V1

D1

D1

D1

V3

如果上部支
索（V3）和
顶之间的
度小于10°
帆具的安
就是失败的

将桅杆调到中位。比较从桅顶到船缘两侧同一对称点测量到的距离。

标示了D1、D2、V1、V2和V3的桅顶帆装。上部支索（译者注：从桅杆顶部引出的侧支索）。

桅杆中段垂向下风侧——收紧D1。

桅顶向下风侧弯——收紧V3。

### 桅顶（型）帆具

桅顶帆具相对易于控制和调整。设计人员能够非常准确地计算出桅杆位置及最佳后倾角，你仅需要依据侧阻中心变化和横倾及调帆所造成的变化来进行简单的微调。上述的这些问题又可以通过舵来恢复其平衡。

如果舵角或舵上的载荷过大，则桅杆需要向前移动；当舵上的载荷很小或者没有时，则桅杆需要向后移动。2～3级风时的最佳迎偏舵（转向迎风的自然趋势）角度是3°。如果比这个值小，则船可能会出现顺偏舵（转向顺风的自然趋势）。如果舵角在中线上方超过5°，则桅杆应以每次向前一个孔位地进行调整，以减小舵角和舵上的载荷。桅杆底座定位后，可在2～3级风力下对其进行微调。以一舷满帆跑个迎风，检查桅杆是否变形并进行相应调整。然后转向，在另一舷以同样的方式进行调整。

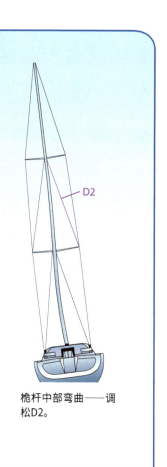

桅杆中部弯曲——调松D2。

调整后支索，使索具的平衡中心与船身的侧阻中心在同一条线上。

风压中心

侧阻中心

桅顶（型）帆具的帆船

## 抢风能力（译者注：迎风角度尽可能小的航行能力）

桅杆后倾度也与抢风能力有关。根据经验，帆船厂建议桅顶帆具的后倾角度在0.5°～1°之间。如果后倾度更大，会提高抢风能力，但也使迎偏舵更明显了。为了保持相同的后倾角度，就要把桅杆底座向前移动一个孔位并缩短前支索。

不推荐在桅顶帆具上进行预弯或永久性前后预置，尽管调整后支索张力（顺风时减小，迎风时加大）就能够让风压中心和侧阻中心保持在一条直线上，从而获得速度优势。

### 横向支撑

与 Fractional 帆具结构不同，桅顶帆具在大风中必须保持直的形态。如果有任何侧弯的趋势，不仅会导致前支索松垮，还会在你希望前帆最平整的时候增加前帆帆型曲率，甚至导致桅杆损坏。

最关键的要素是桅顶和上部支索的夹角，如果这个角度小于 10°，则支索上的杠杆作用会增大到足以拉断钢缆或支撑它的撑臂。

### Fractional 帆具

除非装有后掠式撑臂来为桅杆提供三角支撑（如右图所示），否则要用低位活动后支索和后支索来控制桅杆前后弯曲及阻止桅杆在波涛汹涌的海面中发生剧烈抖动。

有着传动比为 44∶1 的高位活动后支索控制着前支索的张力，从而控制前帆的帆形。

低位后支索控制着主帆的帆形并确保桅杆不会向前弯曲太多。这个位置的张力比较小，就像后支索一样，靠传动比为 5∶1 的滑轮组就能控制。后支索在顺风换舷时为桅杆提供了支撑。

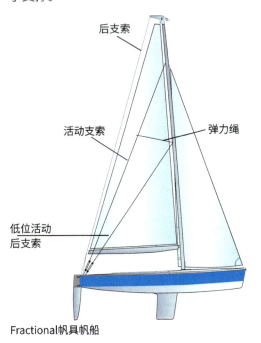

后支索

活动支索

弹力绳

低位活动后支索

Fractional帆具帆船

### 侧向弯曲

与桅顶帆具结构不同，桅杆顶部些许侧弯可以改善帆的平衡。跑迎风时，桅顶没有弯曲的 Fractional 帆具帆船比起桅杆调整到位的船（在阵风中杆具会向下风弯曲）要反应更加迟缓。这是因为桅顶起到了减震器的作用，打开了主帆的后缘并自动降低了帆具的动力。因此，船在迎风航行时变得更强、更快。

比起桅顶帆具，调整多撑臂的 Fractional 帆具要耗时得多，且需要在 2～3 级的风力下完全升起主帆和前帆。你可以在码头上将前支索调整到所需的后倾角度（3°是个很好的起始点）并检查桅杆是否在甲板水平面上对中，左右均匀收紧低位和中位侧支索直到用手无法再拧紧。

目标是使低位侧支索的张力大于 D2，并使上部侧支索或 V 形侧支索仅在视风大于 5 节的情况下才受力。然后通过满帆迎风航行来进行微调，在换舷前调整下风侧花篮螺丝（每次一到两圈）并检查结果，直到两舷都获得一致的弯曲为止。切勿调整有载荷时的上风侧支索。

## 小建议

切记要拧紧花篮螺丝。为了更牢固，可以用钢丝或开口销将其固定在一起，然后再缠上胶带。撑臂的末端也要缠上胶带，以保护好船帆。

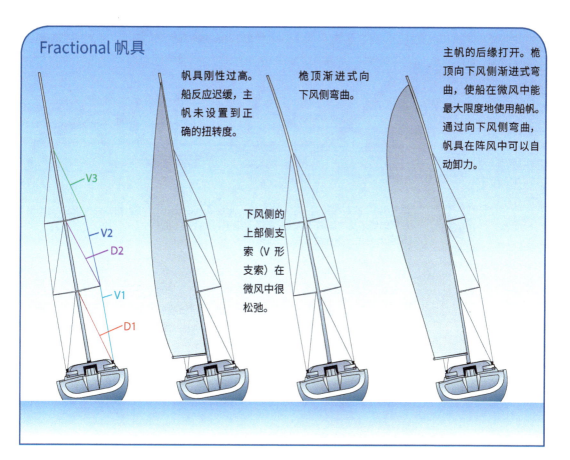

**Fractional 帆具**

V3
V2
D2
V1
D1

帆具刚性过高。船反应迟缓，主帆未设置到正确的扭转度。

桅顶渐进式向下风侧弯曲。

下风侧的上部侧支索（V 形支索）在微风中很松弛。

主帆的后缘打开。桅顶向下风侧渐进式弯曲，使船在微风中能最大限度地使用船帆。通过向下风侧弯曲，帆具在阵风中可以自动卸力。

# 绳结，绳子和活动索具

学习绳结的最佳方法是随身携带一根细绳，一有空就练习，直到闭上眼也能盲打为止。

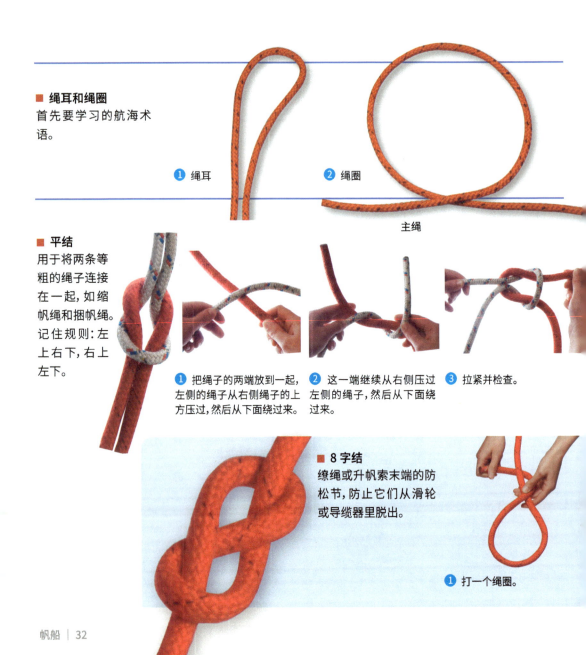

■ **绳耳和绳圈**
首先要学习的航海术语。

① 绳耳  ② 绳圈

主绳

■ **平结**
用于将两条等粗的绳子连接在一起，如缩帆绳和捆帆绳。记住规则：左上右下，右上左下。

① 把绳子的两端放到一起，左侧的绳子从右侧绳子的上方压过，然后从下面绕过来。

② 这一端继续从右侧压过左侧的绳子，然后从下面绕过来。

③ 拉紧并检查。

■ **8 字结**
缭绳或升帆索末端的防松节，防止它们从滑轮或导缆器里脱出。

① 打一个绳圈。

① 在绳子末端交叉绕个弯。

② 做成所需的尺寸的绳圈（兔子洞），外端在上。

### ■ 单套结

在绳子末端打的防滑结。用于在系泊绳缆的末端打一个固定绳圈或将缭绳系在帆角上。记住顺口溜：兔子从洞里出来，绕着树跑，又跑回了洞里。

③ 从主绳后面绕过。

④ 将其向下引过小绳圈。

⑤ 从小绳圈中拉出绳尾。

⑥ 拉紧并检查绳尾是否够长，以防止脱出。

② 将绳尾从主绳后面绕过来。

③ 将绳尾穿回绳圈。

④ 拉紧。

■ **止索结**

系在大型帆船缭绳和升帆索末端的常用的永久性止索结，在拖入水中或冲下甲板时不会像 8 字结那样被"冲开"。

❶ 做一个绳耳。

❷ 用绳尾端在绳耳上绕四圈。

❸ 把绳尾穿过绳圈。

❹ 拉紧主绳端以收紧绳圈。

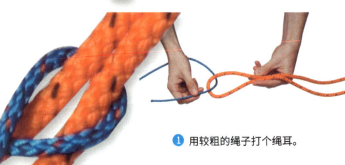

❶ 用较粗的绳子打个绳耳。

❷ 把较细绳子的绳尾从下往上穿过绳耳，再绕到绳耳下方。

■ **接绳结**

用来连接两根不同尺寸的绳子，如捆帆绳。

❸ 把细绳的末端从自己的主绳端下面穿过。

❹ 拉紧。

### ■ 盘绳

散置的绳尾(如升帆索的末端)应盘起并用末端固定好,以便随时可以将其甩开。

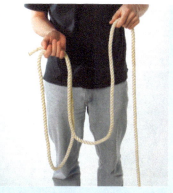

① 把绳子的一端握在一只手里,另一只手理顺绳子,沿顺时针方向将其圈好……

② 把绳圈依次递到第一只手中。

### ■ 棘轮夹绳器

向下拉动绳索,使其穿过两个有弹簧加载的凸轮,利用绳索上的载荷使其固定。简单地向上拉起绳尾就可松开。

③ 盘完后,将绳尾在盘好的绳子上绕几圈,把末端穿过上部的绳圈……

④ 拉紧。

### ■ V 形夹绳器

这个简单的夹绳器没有活动部件。将绳索放到卡颌内,让负载把绳索向下拉进凹槽里并锁定。最适合三绞绳一起使用。简单地向上拉起绳尾就可松开。

■ **羊角系缆桩**

在羊角上系缆绳或升帆索的 OXO 方法。

❶ 将绳索在羊角上绕一整圈。

❷ 交叉打一个8字……

❸ 最后在羊角上再绕一圈。

■ **夹绳器**

夹绳器通常成组放置在舱口两侧，与绞盘在一条直线上，这些止动式夹绳器提供了夹住从桅杆处向后延伸到驾驶舱的升帆索、缩帆绳和斜拉器控制绳的便利操作方案。具体操作如下：

❶ 抬起夹绳器卡扣。

❷ 把绳索松弛的部分拉紧。

❸ 在绞盘上绕三圈并按需绞紧。

❹ 按下卡扣锁定绳索，然后把绳索从绞盘上松开。

松绳操作：

❶ 在绞盘上绕三圈，松开夹绳器前稍微收紧绳索。

❷ 检查绳尾是否打结，打开夹绳器卡扣，从绞盘上松开绳索。

### ■ 整理升帆索

当升帆索羊角安装在桅杆上且没有收纳升帆索的袋子时,把绳盘固定在羊角上。

**1** 盘好绳盘。

**2** 将绳盘的第一个绳圈引回到羊角,并穿过绳圈中心。

**3** 扭转几次,在羊角的末端形成一个小直径的绳圈作为固定绳。

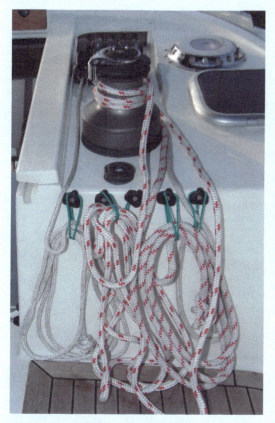

控制绳挂在驾驶舱的弹力绳挂点上。

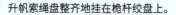

升帆索绳盘整齐地挂在桅杆绞盘上。

# 着装建议

你可能会被水打湿，所以要做好准备……去享受它吧！除非你是在热带地区航海，否则穿着合适的保持温暖和干燥的服装是最大程度享受水上运动的首要条件。有各种各样的专业服装可供选择。在炎热、潮湿、耗能的航海环境中面临的挑战是要选择与气候相符、能保持里外干燥的服装。

### 开放式龙骨船

最新款的开放式龙骨船航海服结合了轻便、透气的外套和高腰长裤，专为快速激烈运动而设计，重量仅为防水油布航海服的1/3。

另一种选择，尤其是在较冷的地区，是在保暖的衣服外再套上干式航海服，或者是衣领和袖口有橡胶密封的干式上衣，与高腰防水裤搭配着穿。与湿式航海服不同，干式航海服和干式上衣的设计目的是保持身体干燥。它们特别适合在寒冷水域中穿着，除非薄膜材料具有透气性能，否则在炎热的气候中穿着会不舒服。买大一号，这样就可以在里面再穿上温暖的涤纶衣裤，方便运动，也更容易穿脱。

干式航海服是一体式防水服。干式上衣是为搭配高腰裤设计的，我认为这种套装更合适，因为天气炎热、闷热的时候，你可以把上衣脱掉。

开放式龙骨船的两种干式装备。左：带橡胶密封的一体式干式航海服。右：干式上衣搭配高腰裤。

另一个要优先考虑的是救生衣，一旦落水，它能让你头部高于水面漂浮。自动充气式救生衣不适合在小帆船上使用，因为一旦沾水，救生衣就会自动充气，而不仅仅是在落水时打开，但它在大帆船上提供了额外的安全措施。

救生衣有各种类型和尺寸可供选择。它们甚至可以用于宠物。确保你的选择是国标认可的类型，尺码与你的体重相匹配，且套在你航海服外时很合身。

在欧盟出售的救生衣是经过 CE 测试和认证的。在美国，要选择美国海岸警卫队认可型号的救生衣。Type III 型助浮装备有 69N 的浮力，还带有一个领圈，可将无意识的落水人员的面部向上托出水面。

离岸水手需要更多的防护。

### 离岸航行

与几个小时的近岸航行相比，离岸航行需要更多的保护，而且着装越得当，就越能享受航行的乐趣。当你要在船上过夜或待更长的时间，无论是寒冷的夜晚还是白天，衣物都要使你保持温暖和干燥。如果舒适度为首选，那么就不要在成本上吝啬。制造商已经尽力开发出了三层的服装体系，以应对极端天气。

就保暖隔热而言，保暖和保持干燥实际上是一个问题的两个方面，就如同硬币的正反面。例如，棉质内衣可以吸收高达 100%

的水和汗，而且由于这些水分紧贴皮肤，人体热量损失的速度是干燥织物的 30 倍。相比之下，中空纤维聚酯保暖内衣具有独特的性能，可通过毛细作用将汗液从皮肤上吸到外套中，从而保持皮肤温暖干燥。甲板可能会非常湿滑，因此带防滑底的优质靴子是另一个要优先考虑的装备。

### 个人防护

• 穿着足够的衣物以保暖。

• 做足防晒，配戴高品质太阳镜。

• 在驾驶舱外，请始终穿着包裹脚趾的鞋。甲板上导致绊倒的隐患很多，很容易伤到自己。

### 安全装备

所有船上的黄金法则都是：驾好船与保护好自己并重。最新的自动充气式救生衣配有非常重要的胯带，能使你头部一直漂浮在水面之上，但最好还是把避免落水放在首位。

### 救生衣

最好的救生衣结合了安全腰钩与 6 英尺(2 米) 的安全绳，安全绳两端配有自锁快挂，可以挂接到甲板两侧及穿过整个驾驶舱的安全挂索上。

要求船员穿上航海服时就一直要穿着救生衣，且一从舱口出来就要挂上安全绳，这是一个很好的规则。英明的决策原则是规定什么时候可以不穿救生衣，而不是什么时候该穿救生衣。

确保你选择的救生衣是国家标准认可的型号，尺寸要与你的体重相符，且能舒适地套在你的航海服外。

救生衣的最小浮力应为 150N，首次购买时应进行检测——口吹充气后放置一段时间，之后每年检测一次。

船上要有备用气瓶。船长必须确保船员在出海前都配发救生衣 / 安全腰钩，并掌握了使用方法。在海上时，船员在下列情况需穿救生衣：

- 船长要求时；
- 夜间到甲板上时；

左：在开放式龙骨船和大帆船上使用的自动充气式救生衣。右：用于小帆船的助浮衣。

- 起雾时；
- 主帆缩帆时；
- 在 10 节以上的视风下跑球帆时；
- 当甲板上未使用安全腰钩时；
- 个人意愿；
- 不会游泳的人；
- 在小艇上时。

### 安全绳的使用

安全绳需始终与救生衣一起使用。即便你发生落水情况，连接在安全挂索上的安全绳也能确保你与船连在一起。

在海上时，船员在下列情况下需挂接安全绳：

- 夜间。
- 白天，情况达到穿救生衣的情况时。
- 夜间上甲板前。
- 尽可能挂接在较高的一侧。
- 仅挂接在安全挂索和坚固的挂点上，不要挂接在固定索具上。

其他需要携带在航海服口袋里备用的个人安全装备：

- 刀或多功能工具；
- LED 手电筒；
- 哨子；
- 个人落水信标（MOB），如果船上装有人员落水接收器的话；
- 橙色烟雾信号。

配有胯带、安全腰钩和安全绳的救生衣。

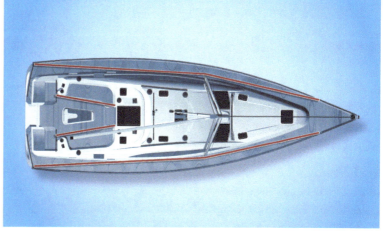

图中红色标注的永久性安全挂索的长度应贯穿甲板和驾驶舱，方便船员挂接（右）。驾驶舱的坚固挂点可让船员在出舱时就挂接上。

# 必要装备

## 开放式龙骨帆船安全装备清单

检查好自己的防护服装和助浮装备后，应在出发前对开放式龙骨帆船进行一次安全检查。

**舷外机**已妥善安装并携带足够的燃油。

**安全装备**

锚和锚绳。折叠锚占的空间最小。连同可兼作拖缆的锚绳，打包至少 5 英尺 (1.5 米) 长的锚链，作为锚泊用具，它能保持锚的卧姿。这些必须牢固地存放好，以防猛烈转向时滑出来。

**锚绳 / 拖缆**的长度应至少是龙骨船长度的三倍，最小的断裂强度应是船和船员重量的两倍。

水瓢、水桶和海绵。将固定绳系在水桶和水瓢上，防止它们漂走。

如果要巡航，携带备用衣物和个人物品。

防水袋。携带急救箱、焰火信号 (2 个手持红色、2 个降落伞、1 个橙色烟雾 )、甚高频对讲机或移动电话、海图、水、能量饮料及能量棒。

罗经。贴在甲板上的防水海图，标示出当地海域的浮标、竞赛标志和障碍物。

离岸安全装备清单

**遇险焰火信号**
2 个手持橙色烟雾信号
2 个白色手持焰火信号
4 个红色降落伞火箭信号
6 个红色手持焰火信号

**带有小浮标的救生圈**，配有灯、哨子和浮锚

**无线电紧急示位信标**（EPIRB），如果要进行重要离岸航行的话

**搜救雷达收发器**（SART），如果要进行重要离岸航行的话

**2 个水桶**，用吊索连在把手上

**2 个舱底泵**（手动和电动）——手动的要能在驾驶舱内操作

**雷达反射器**（1 个主动雷达应答器，能为其他船只提供最佳能见度）

**雾笛 + 备用气罐**

**备用燃料，机油和水**（各 10 升 + 漏斗）

**救生筏**（每年维护）

**锚球 + 开机示意标**

带钩撑杆

碰球

备用绳

应急舵系统，需要提前练习使用

防波板

罗经

礼仪旗 +Q 旗

防护服装。每个船员都要有救生衣 / 安全腰钩（包括救生衣的备用气瓶和 2 条备用安全绳）。每件救生衣都应配有嵌入式安全腰钩、胯带、哨子和灯

应急手包（携带食物、水和焰火信号等）

带门的安全护栏

暴风主帆或有三级缩帆的主帆，以及暴风前帆

锚和锚链 + 小锚和锚绳

备用捆帆绳

## 船上的安全检查清单

### 工具箱
- 钢丝钳
- 安全吊裤
- 开口扳手
- 尼龙扎带
- 打孔冲头
- 电路接线工具 + 接线头
- 绝缘胶带
- 砂纸或板
- 环氧树脂快干胶
- 密封胶
- 锤子
- 手持电钻
- 软管卡
- 手锯
- 尖嘴钳
- 大力钳
- 塑料管
- 锥子
- 圆锉
- 橡胶锤
- 全套内六角扳手
- 全套钻头
- 全套平口螺丝刀
- 全套十字螺丝刀
- 全套扳手
- 全套套筒扳手
- 美工刀
- 备用发电机皮带
- 备用电池
- 航行灯和手电筒的备用灯泡和保险丝
- 备用发动机机油滤芯
- 备用燃油滤芯
- 备用水泵滤芯
- 备用水泵皮带
- 备用水泵叶轮
- 皮尺
- 游标卡尺
- 防水润滑脂
- 钢丝球

### 补帆工具
- 布基胶带
- 硬木钉
- 细钢缆
- 针
- 补帆胶带
- 补帆皮掌
- 备用卸扣
- 捆扎绳

### 厨房
- 灭火毯
- 安全挂带

每个舱室都要有灭火器，机舱要配置遥控灭火器

灭火毯要放置在厨房中易取的位置

强力探照灯

## 导航桌

- 海事灯光表
- 海事无线电信号表
- 年历
- 备用无线电接收器（关闭）
- 气压计
- 望远镜
- 船只数据文件
- 布列顿绘图仪
- 计算器
- 当前区域海图
- 圆规
- 回声测深仪
- 应急手电筒（关闭）
- 橡皮
- GPS
- 日志
- 手持罗经
- 手机 + 充电器
- 台灯
- 铅笔和卷笔刀
- 导航书 + 潮汐图集
- 手持 VHF + 充电器 + 应急天线
- 符号和缩写表

## 急救箱 + 手册

路程越长，急救箱里的东西越要充足。

近岸单日航行时，简单的家用急救箱就足够了，将其储存在防水箱内。如果你计划周末或一周的航程，就必须备有更全面的紧急医疗用品。

# 从小艇和码头上登船

### 小艇

船如其名，摆渡小艇正如其名，是"不稳的"。在上船之前一定要穿上助浮装备，并且一定要站在小艇的中央，千万不要站在边上。在向船头和船尾靠近时，先让驾驶员自己站在船中央。

千万不要让小艇超载。如有必要，可安排两趟航程，第一次载人，第二次载货。

晚上一定要亮灯，提醒其他船只注意你的位置，并携带一个小锚和锚绳。

### 帆船

诸如 Southerly 38 这样的现代设计，在船尾有一个登船／游泳平台，使得上下船更加简便。

用船头和船尾的绳索把小艇侧向固定在船尾，始终从小艇的中心踏出来，不要踩踏船缘。

当有涌浪时，小艇的船缘可能会卡在船尾下面，因此要把小艇靠泊在船侧而不是船尾。

使用悬挂在船舷的可移动的踏板可以更容易登上没有船尾踏板的帆船。

从船尾登船。

从船侧登船。

抓住支索。

关闭护栏门。

也可以把小艇往前一点绑，这样靠在侧支索位置可以抓住支索自己登上舷缘，然后再跨过护栏。

永远不要抓住护栏绳或者护栏立柱来拉自己登船，因为你的体重可能会让护舷木的固定点松动并造成漏水。

当从码头上船的时候，使用安全护栏之间的护栏门（如果有的话），打开鹅形快挂，抓住特别加固的护栏立柱以稳定自己。关上护栏门，将快挂重新扣在立柱上。

如果没有护栏门，那么就将一只脚放在舷缘上然后抓住从桅顶下来的外支索上去，注意不要抓护栏绳或者护栏立柱。

# 航路规则

所有船只，从最小的摇橹摆渡小艇到最大的超级油轮，都受同样的规则约束，即《国际海上避碰规则》或者 IRPCS（或 COLREGs）。这些"航路规则"优先于世界帆联的《帆船竞赛规则》。在竞赛规则中，未在竞赛中的船只都被视为障碍物，需要按照 IRPCS 避碰。所以，如果你没有遵守这些规则，你的对手就可以因为你没有避让"无辜的旁观者"而抗议你，将你逐出竞赛。

IRPCS 发行了很多版本，包括 Fernhurst Books 出版的《学习航海航路规则》（*Learn the Nautical Rules of the Road*）一书的最后一部分——强烈推荐给所有船长。

IRPCS 涵盖了所有船只在海上相遇的情况和设想。在**规则 2** 中也有总结，即良好的航海精神应用高于盲目的遵守规则——换句话说，为了避免直接的危险，违背规则是有必要的。

**规则 3** 定义了船只的类型和航海术语。需要特别指出的是，动力船的定义是指以机械动力推进的船，包括机动航行的帆船。

**规则 5** 规定，在任何时候都应以视听方式保持常规瞭望，并结合其他合适方法，例如，在能见度有限的情况下正确使用雷达。

帆船遇到麻烦的最常见原因是当时情况下船速过快。所有影响帆船安全船速的因素都在**规则 6** 中有详细说明。这些都应作为常识掌握，并且注意你所处的位置、周围的情况。非常重要的一点，它提到了雷达设备的局限性——因为配有雷达的大帆船并不能保证其能够正常工作，也不能保证操作者知道自己该怎么做！雷达导致的撞船是由于雷达信息使用不当而造成的——如果你不知道如何解读雷达信息，请不要以为它会神奇地在视线受限的情况下保你平安。

**规则 7** 中讨论了是否存在碰撞危险的评估。（其中也提到了因缺少雷达信息而带来的危险！）如果一条行进中的船一直保持着一个合理的恒定方位，则存在这种风险——例如，这个方位能够用罗经来查看，或者通过这条船与护栏柱的连线来参照查看。在受限水域中与大型船只相遇时，要确保能看到这条船的全长——有时即使船头没有碰到你，船尾却有可能。

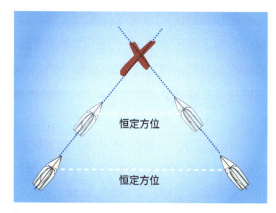

恒定方位其实就是碰撞航线。

**规则 8** 概述了避免碰撞的措施。基本原则是该措施应尽早、易被另一条船看到，且要注意遵循正确的航海技术操作。你可以改变航速，或者航向，或者航速、航向都变，如果你是在晚上这样操作的话，确保能向另一条船展示出不同面的航行灯。重要的是，如果你恰好是有航行权的船，你也需要仔细观察正在靠近的船只，如果看不到对方做出改变，在必要情况下要自己采取避碰措施。这一点在**规则 16** 中也有强调。

**规则 9** 规定了在狭窄航道或港湾中与大型船只相遇时的操作，并且要求小于 65.6 英尺（20 米）的船只和帆船不能阻碍一条在此狭窄航道中恰好能安全通航的大船。尽早地考虑涉及风向、潮汐或水流，以及你所处区域内其他船只的操作。可选操作包括控制你进入港湾的时间以错过大船，靠边航行，在船不多的时候起锚，进入浅水区域航行或者离开主航道，甚至直接掉转船头航行避开这些危险状况。一个非常典型的错误就是太靠近正在接近的船只的船头，迫使她们进入航道并且把你困在她们和港湾边之间。要记住并不是所有的机动船驾驶员都知道迎风航行的原理，他们不理解你为什么要在前面之字形换舷航行。

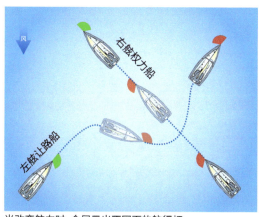

当改变航向时，会展示出不同面的航行灯。

从左舷通过并避开主航道。

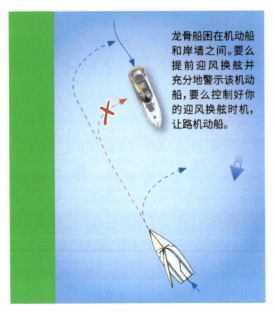

龙骨船困在机动船和岸墙之间。要么提前迎风换舷并充分地警示该机动船，要么控制好你的迎风换舷时机，让路机动船。

不要把自己困在船和岸墙之间。

港湾管理单位可能会有当地的管理条例，在其管辖范围内取代 IRPCS，例如：允许渔船拖网进港，禁止使用球帆，或者给予商船高于其他各类游船的绝对航行权。

这些特别规则应当尽量贴近 IPRCS，并且要在出发前从港湾办公室或者港湾管理人员那里拿到相关信息，这一点是很重要的。

**规则 10** 涉及分道通航制：本质上就是在公开水域的高速公路。它们通过规定相对交通流量的方式来控制船只在拥挤区域内的移动。分道通航制分为三个区域：

- 沿岸通航带位于两条高速公路的两侧，供小于 65.6 英尺（20 米）的船只或帆船使用。渔船作业时也会频繁使用该区域。大型船只在驶往港口或紧急避险时也可能使用沿岸通航带。

- 航道通常为 3 海里（5 千米）或者更宽。这些航道通常仅供大型船只使用。如果你要进入其中一个航道，一定要顺交通流以小角度切入且不能阻碍其他船舶的安全通行。

- 分隔带是将两条航道分开的中央隔离带（海图上的紫色区域）。小型船只仅在穿越该区域时才能使用分隔带。

小于 65.6 英尺（20 米）的船只或帆船的航路规则如下：

- 尽可能远离航道；使用沿岸通航带。

- 不影响航道上的船只。

- 如果必须穿越航道，那么穿越航向要与船舶交通总流向成直角（下图）。

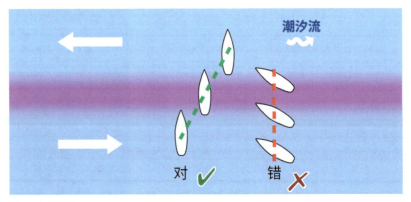

以90°穿越航道。

从专门讨论帆船的**规则 12** 开始，余下的规则规定了船只相遇的操作。以下三点需谨记：

- 左舷船让右舷船。
- 两条船同舷风时，上风船让下风船。
- 如果你是左舷船且不确定其他船的情况，那么就直接避让。

有一个能帮你分清你在哪一舷的简单提醒方式，就是在舵手容易看到的帆杆位置上做标记。用不掉色的笔在帆杆的左手边标上左舷 (PORT)，右手边标上右舷 (STARBOARD)。或者，在左舷侧贴上红色标签，在右舷侧贴上绿色标签。

超越的船必须避让较慢的船，直到其完成超越并远离。**规则 13** 规定，如果你从另一条船正横之后超过 22.5°的角度上来，则表示你正在超越。换句话说，你在接近她时仅能看到她的船尾灯。你是否为要超越动力艇的帆船并不重要——只要是超越船，就必须避让。

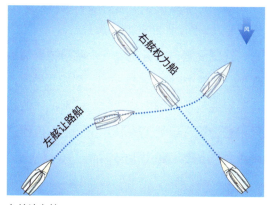

左舷让右舷。

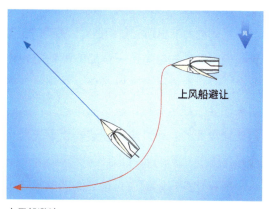

上风船避让。

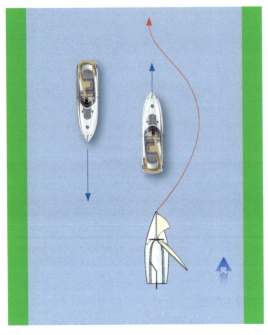

超越船不得阻碍其他可能受航道限制的船只。

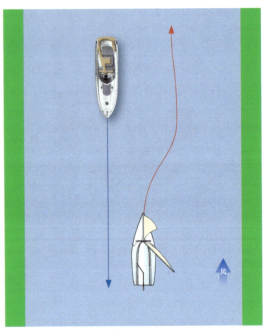

左舷对左舷会船并保持在航道的正确一侧。在动力船受航道限制的地方,帆船有责任完全避让。

碰撞的明显情况是对头碰撞。当你使用机动动力时,**规则 14** 适用,你应改变航线到右舷上以避免碰撞。记住,如果两条船都在用帆航行,那么此条规则不适用。此时,帆船竞赛**规则 12**(见第 53 页)规定了你的操作。

机动动力下出现交叉相遇时,**规则 15** 告诉我们,在其右舷有另一条船的那条船为让路船,应采取避碰动作以避免交叉相遇,通常是改变航线至右舷,从其船尾通过。通过辨认你看到的航行灯来记住这一点不失为一个好办法——绿灯行,红灯停。

所有这些规则都在讨论让路船的操作。权利船也有责任,**规则 17** 中有详细描述,保持航线和速度,但是要做好必要时采取避碰操作的准备。

**规则 18** 定义了让行顺序。通常要求帆船让行失控的船、操作受限的船或者正在捕鱼作业的船。参照下一页的帆船必须避让的船只清单,识别她们的形状和旗号。

视觉受限时的导航是一个容易被误解的规则。**规则 19** 谈到了这一点,当视觉受限,两船不在彼此视线内的时候,规则描述的船只相遇情况(规则 12—18)不适用,理解这一点至关重要。重点归纳如下:

•保持安全速度行进，以便能够轻松操作。

•如果你仅通过雷达探测到了另一条船，且你判断存在碰撞风险，那么就尽可能早地采取避碰操作。没有一成不变的操作选项，但是当另一条船在正横线前方时，要避免转向左舷，要避免朝着另一条船的正横或者正横后的位置改变航线。通常，最简单的做法是尽早减速，或者在不确定情况时停船。

•没有雷达：如果你听到一条船在你正横方向之前，那么立即减速，同时仍要保持舵效，并要格外小心，直到风险过去。

### 海运船舶

密切关注海运船舶。她们的航速很有欺骗性。即使在受限水域，这些船只为了保持转向舵效也能够达到 15 节的速度。这就意味着它们能够以 4 分钟 1 海里的速度转到你的航向方位上，所以在海平面上停留 1 分钟的海运船可能会在 10～15 分钟内造成真正的危险。

海运船也可能被限制在深水航道上，无法改变航线来避让你。请记住，船桥处的视野非常有限。当前方超过半海里时，小型帆船通常会从驾驶员和舵手的视线中"消失"，除非你绝对确定可以及时会船，否则不要考虑从其船头通过。当穿越航道时，请在个人能力范围内尽快航行。大型船只会产生短暂的风的影响，所以要小心并准备好在海运船

经过时可能会失去风帆动力。商船忙于谋生。从另一方面来说，水手们则是在享受娱乐，所以多体谅一下，远离她们且遵守规则。

| | |
|---|---|
| **渔船／拖网** | ⧓ |
| **操作受限**<br>两条船都移动缓慢。 | ●<br>●<br>● |
| **吃水受限**<br>大船将留在浮标标示的航道内。 | ▮ |
| **失控**<br>近岸很少见。 | ●<br>● |
| **水下作业**<br>清淤或铺设管道。可能静止不动或移动非常缓慢。 | ●◆<br>●◆<br>● |
| **潜水。** 潜水船升起 A 旗。远离她以避免潜水员在你前面"突然冒出来"。 | ◪ |
| **工作船可能会升起 R 旗和 Y 旗**，意思是慢慢通过——不要造浪。 | ▦ ▨ |

### 音响信号

动力船很喜欢发出音响信号，因为对她们而言这很容易——只要按下按钮。开放式龙骨船上的水手通常没有必要的信号设备来引起别人的注意，只能通过及时采取大胆的操作来传达其意图。

你最可能听到的声音信号是短音（•）或者长音（-）。长音会持续超过 4 秒钟。

| | |
|---|---|
| • | 我正在转向右舷。 |
| •• | 我正在转向左舷。 |
| ••• | 我正在减速或后退。 |
| ••••• | 我不清楚你的意图(有些担心)。 |
| — | 我正在接近(可能在拐角处或桥下)。 |

✔ 尽早并明显地做出航线改变。

✔ 保持安全距离通过。

✔ 如果海运船发出5声短音，表明其已经对你正在做的事情感到担忧了。

✔ 不惜一切代价避免碰撞。

✔ 运用常识。

✔ 左舷让右舷。

✔ 上风船避让。

✔ 超越船避让。

✔ 尊重海运船。

## 使用机动动力的帆船

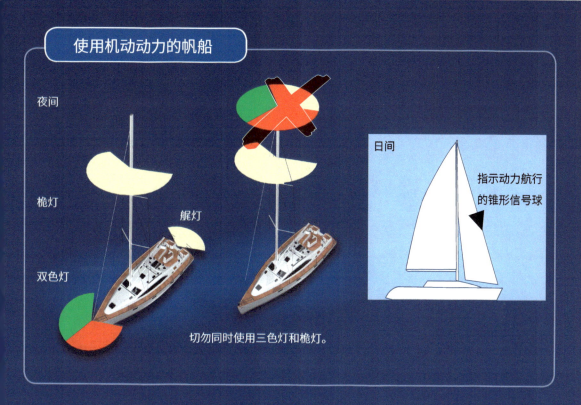

夜间

桅灯

艉灯

双色灯

切勿同时使用三色灯和桅灯。

日间

指示动力航行
的锥形信号球

## 风帆航行

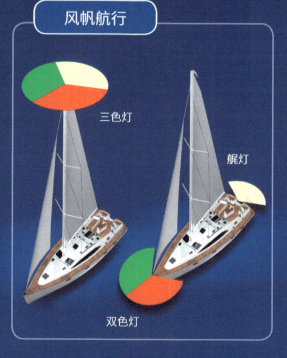

三色灯

艉灯

双色灯

## 机动艇

桅灯

艉灯

双色灯

## 超过50米的大船

左舷视图

船尾视图

超过 50 米的大船
有两个桅灯

右舷视图

正对船头看

## 拖船

日间

正对船尾看

日间

拖带超过 200 米

拖带小于 200 米

## 锚泊状态

日间

## 在狭窄的航道中吃水受限的大船

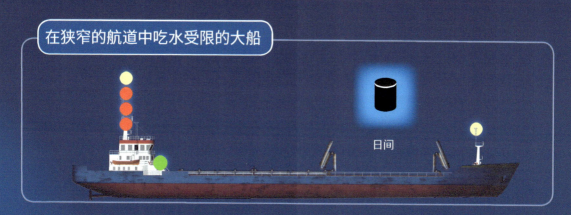

日间

## 正在水下作业的船

日间

## 操作受限的船

日间

## 扫雷船

日间

## 拖网渔船

日间

## 其他类型的渔船

日间

## 气垫船

黄色闪灯

## 引水船

日间

# 系帆、卷帆和缩帆

在许多帆船上，主帆是永久性收纳在帆杆上的，用帆罩保护，前帆是用卷帆器卷在前支索上的，随时准备着快速放出。在更传统的帆船上，前帆是用帆边挂钩挂在前支索上的。在赛船上会安装前帆夹槽，最典型的是有两个轨道，可以让第二面帆在第一面帆降下之前就做好升起来的准备，这就要求前帆有帆边绳，以使其能从轨道中滑上去。

## 主帆

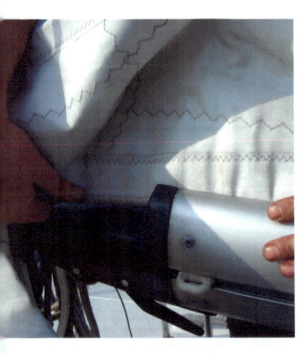

❶ 从帆后角开始，将帆边绳从靠近桅杆的开口引入帆杆轨道。然后，一个人引导帆边绳进入轨道，同时另一个人往帆杆尾部方向拉帆后角。

❷ 一旦主帆底边进入轨道，在桅杆处的人就把帆前角连接到帆杆内侧前端的卸扣上。

❸ 有的帆船配备的是底边开放式主帆，这样就应先连接帆前角，然后再把帆后角连接到后拉索上。如果有一根独立的后拉索绳子穿过帆杆到一个羊角/夹绳器上，就像图中所示，用卸扣把后角连接到上面。这时收紧后拉索直到底边具有一定的张力。如果没有后拉索，就要通过用系绳子的方法来代替后拉索的效果，将绳子穿过帆杆尾端和帆后角，多绕几圈然后拉紧，再绑两个半结。

❹ 从主帆后缘往帆骨袋中插入帆骨（有楔角的一端先进），确保内侧一端正确地插入帆骨袋内有弹性的卡夹当中。

❺ 使用全长帆骨时，确保末端能插入连接在前缘上的内侧配件的槽孔中。

**6** 帆骨袋尾端的带子也必须完全塞到帆骨袋的开口中。

**7** 当主帆还在帆杆上没有升起时,考虑将子母扣装入帆骨袋中,将其绕过帆骨,塞回到帆骨袋中,将帆骨固定到正确位置上。

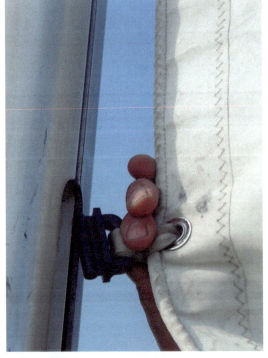

**8** 和 **9** 要升起主帆时,将船转向正顶风并将升帆索连接到帆顶板上。慢慢升起主帆,随着帆的升起,把主帆前缘滑块插入桅杆前缘轨道。一旦帆被升起了,就锁住桅杆前缘轨道,以在帆降下时把滑块限制在桅杆内。

### 前帆

### 挂钩式前帆

　　询问船长选择最适合当前情况的前帆。把选定的前帆拿到甲板上，搬到船头。把前帆前角连接到船头的配件上，在帆上绑根绳，使它们保持在一起。

　　然后双手拿起前缘，将帆边弹簧挂钩依次向上挂到前支索上，并确保所有挂钩方向一致，没有钩挂颠倒的情况，否则会引起帆的扭曲。

　　如果要立即升起前帆，那么把升帆索连接到帆顶上，确保其暂时固定在船首护栏上……用单套结把缭绳系在后角上，除非它们是用卸扣连接的。

　　如果要把前帆收好稍后再使用的话，那

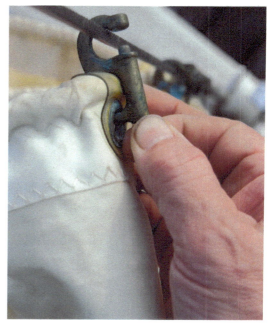

么就用绑帆带把帆固定在护舷木上，把升帆索挂在船首护栏上。

前帆缭绳先穿过安装在侧甲板滑轨上的可调节导缆器滑轮，再引到主绞盘上。

### 前帆缭绳

对于桅顶帆装的大面积重叠前帆的船和部分 fractional 帆装的船，缭绳会从侧支索外侧绕过，然后穿过安装在纵贯侧甲板滑轨上的可调节导缆器滑轮，或安装在护舷木上的滑轮，再引向（有时是通过旋转滑轮）驾驶舱两侧的主绞盘上。

在每条缭绳的末端打一个止索结，以防止其从导缆器中脱出。

像是 Southerly 38 这样 fractional 帆装的小面积重叠、自主换舷的前帆，已经通过安装在桅杆前的横轨上的滑轮装好了一根单缭绳（通常是把钢丝连接在绳尾上）。

只要简单地把缭绳活动端的卸扣连接到帆后角上就可以了。缭绳的工作端通过甲板内的绳索通道引向单独的专用绞盘。

Southerly 42 RS装配了自主换舷的前帆，其单缭绳引向了横穿前甲板的滑轨。

### 绞盘的使用

对于帆船初学者而言，最实用的第一步就是了解一旦帆受风，缭绳和升帆索上产生的巨大拉力。即使在相对较小的船上，比如我自己的 27 英尺（8.23 米）长的 Sea Jay 号，在没有机械辅助的情况下，想要拉动大三角帆缭绳或者在升帆索上施加拉力都是很难的。这就是需要绞盘的地方，它为拉紧或释放受力的缭绳和升帆索提供了机械辅助。绞盘有两种类型：标准型绞盘和锁绳式绞盘。

两种类型都是顺时针转动，但是有些大尺寸的有两套或多套齿轮，在手柄反向旋转时也可以啮合。

锁绳式绞盘

标准型绞盘

**标准型绞盘——2人操作**

**①** **调帆手：**将绳索在绞盘上顺时针绕两圈。

**②** **调帆手：**拉紧绳子，然后在绳索保持拉力的情况下继续在绞盘鼓上缠绕，通常需要三圈或者四圈（取决于绳子的尺寸）。

**绞盘手：**将绞盘手柄插入绞盘，同时调帆手需要保持绳子上的拉力。肩膀在绞盘上方居中，双手一起顺时针转动绞盘，以达到最佳效果。

**③** **调帆手：**保持绳子末端的拉力，防止其在绞盘上打滑，双手要让出绞盘手柄摇动的范围。

**调帆手：**还要喊口号，"摇"表示再收绳子，或者在绳子微调操作后喊"停"。绕完绳子后，调帆手要使用 OXO 方法把绳子末端系在羊角上（这个方法可以快速释放），同时绞盘手取下绞盘手柄并收纳妥善。快速释放的时候，只要解开羊角上的绳结，向上拉起绳尾，即可松开绞盘上的绳圈。

**锁绳式绞盘——1人操作**

❶ 在绞盘上顺时针绕两圈。拉紧绳子，在保持绳索拉力的情况下，在绞盘鼓上再绕一圈，然后把绳尾越过导向把，引入绞盘顶部有弹簧载荷的圆齿槽。

❷ 将绞盘手柄插入绞盘，必要时双手一起，肩膀在绞盘上方居中，顺时针摇动手柄，以达到最佳效果。绕完绳子后，在绳尾上猛拉一下，确保绳子锁在圆齿槽内，取下绞盘手柄并收纳妥善，再把绳子在绞盘上绕两圈以防止绳子脱出的意外情况。

## 连接

卸扣必须一直拧紧，否则它们会在最尴尬的时候松开。这就使它们很难被松开，因此要在口袋里装一个卸扣钥匙（或钳子），或挂在随手可取的挂绳上。

对于负载较轻的连接，可以考虑使用钥匙卸扣，它带有固定销钉和快解功能，在你手指不听使唤或销钉丢失时也能帮上你。

快挂是能够快速释放的连接，用于将升帆索和球帆缭绳连接到帆上。释放销塞应配有连接在上面的短绳或绳圈，在快挂受力的情况下释放卸扣。

开口滑轮常用于临时性缭绳滑轮。其配有快挂，可以安装在护舷木或甲板索眼上，在受力的情况下也能打开滑轮，把绳子引进去，无须解开绳子的工作端即可将其穿过。

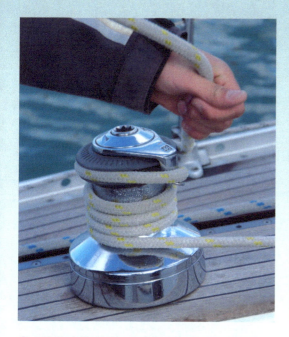 

❸ 要释放时,简单地解开安全圈,把绳子从圆齿槽中拉出,向上拉松开绞盘上的绳圈即可。

❹ 要松开任一种绞盘上的一小段绳子时,一只手松开绳尾,另一只手的手掌压住绞盘上的绳圈。然后你可以控制绳索逐渐释放。

固定钥匙卸扣。　　　　快挂。　　　　　开口滑轮,打开放入绳子……　然后关闭。

### 解开绳子缠绞

当一圈或者多圈绳子在绞盘上交叉并缠在一起的时候就形成绳子自绞。如果在拉紧绳子前将其在绞盘上缠绕了太多圈，或者绳子在绞盘鼓上缠绕的角度不对，就会发生这种情况。

要解开缠住的绳子时，拿一根备用绳在受力绳上打一个轮结，向后拉到绞盘上。通过开口滑轮或旋转滑轮将绳子的工作端引至另一个绞盘上，转移走拉力。

当自绞绳子上的拉力卸掉后，卡住的绳圈就很容易解开了。重新在绞盘上绕好绳子，并将原来的这根绳子拉紧，然后松开备用绳。

绳子缠绞

解开绳子缠绞。把临时绳用轮结系在大三角帆缭绳上，通过开口滑轮向后引到第二个绞盘上。这样能卸掉大三角帆缭绳上的拉力，从绞盘上解开缠住的绳圈。

### 缩帆

　　帆船的设计可以迎风倾斜 15°～ 20°航行。一旦护舷木贴到水面，就是该缩帆的时候了，因为此时船体倾斜过大，龙骨不能有效地起到限制横移的作用了。

　　这涉及彼此成比例地减小前帆和主帆面积，以便在风压中心上保持相同的竖直位置，同时保持船的平衡。如果仅仅是减小前帆面积，风压中心将会后移，而且船会面临严重的迎偏舵（操舵很重），倾向于转向迎风。如果仅仅是减小主帆面积，就会发生相反的情况：舵力会减轻（顺偏舵），船会倾向于顺风偏转。

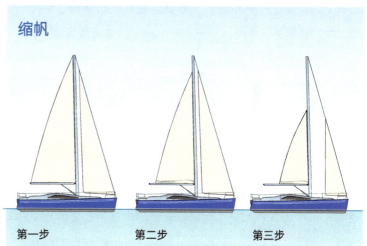

### 缩帆

**第一步**
随着风力增强，可以先把前帆收几圈，或者把大三角帆降下换成工作前帆。

**第二步**
在主帆上进行一级缩帆。

**第三步**
降下一半前帆，并且在主帆上进行二级缩帆。减少前帆尺寸至 1/3 并在主帆上进行三级缩帆。

前帆未卷起。

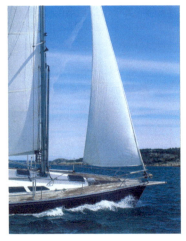

前帆卷起了1/3。

前帆全部卷起。

### 滚动卷帆

在一些帆船上，前帆，有时候还有主帆，被永久性地绑在索具上，以简化控帆和缩帆。所有这些系统的便利之处在于，可以在驾驶舱进行控制，而无须上甲板（除非出现问题）。

桅杆内主帆卷帆系统。

前帆卷帆器。

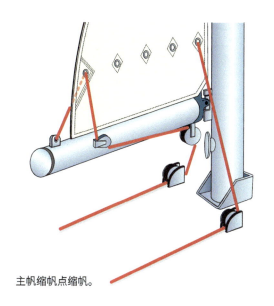

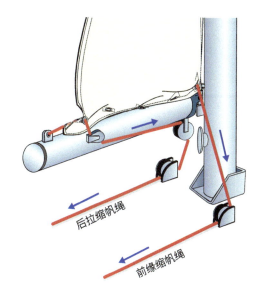

后拉缩帆绳

前缘缩帆绳

主帆缩帆点缩帆。

### 主帆缩帆点缩帆系统

使用预留缩帆点缩帆是最常见的主帆缩帆方式，且当缩帆绳和升帆索沿着舱顶引到后面时，在驾驶舱内就可以安全地完成全部操作。

❶ 小心地松开斜拉器以使帆杆可以自由地上下移动。松开主缭，使帆卸力（例如，飘帆），同时收紧帆杆提索（防止帆杆落到低于头的高度）。

❷ 释放主升帆索，松开至一级缩帆点与鹅颈座齐平的高度。收紧内侧缩帆绳，或者将索眼挂到鹅颈座的挂钩上，再重新收紧主升帆索。

❸ 收紧外侧缩帆绳，把后缘的一级缩帆点拉到帆杆上。松开帆杆提索，收紧缭绳和斜拉器。

❹ 一旦船帆调整到位，并且帆杆被主缭绳、斜拉器以及帆动力牢牢地固定到位时，水手们就可以沿着帆杆安全地工作了。应用索环穿过后角的缩帆索眼绑到帆杆上，以防缩帆绳被拉断。现在就可以去把主帆下部折叠的帆卷好并且使用临时绳索将其绑在帆杆上。

在一些船上，帆杆/舱顶形状可能会让这个工作变得困难——船长要决定是否将来回拍打的帆（垂下帆杆不使用的部分）绑好。重复以上步骤进行主帆的二级和三级缩帆。

# 机动动力下的船只操作
## ——系泊和锚定

在机动动力下操控任何尺寸的帆船都需要练习，最好是在广阔开放的空间，去探索她在后退时的表现，风在船体上的作用，以及停船所需要的距离，这一点是最重要的。在进入狭窄码头泊位的时候是没有时间去学习船的操作缺陷（难点）的。在机动动力下成功操控的关键是所有操作都要放缓，不要紧张，把船速掌握在可控范围内。

### 螺旋桨尾流 / 横移

螺旋桨的一次快速猛推使水流冲击到舵上，船会产生惊人的旋转作用，只带来很小的前移。在大角度打舵的同时，通过一系列前后的"动力冲击"，船能够在一个狭窄的区域内调头，有时能在其自身长度范围内。

**螺旋桨横移**

螺旋桨的推力对船的操作也有很大的"桨轮"效果，一旦你知道它朝哪个方向推动船尾，就可以在狭窄空间内利用此点。

当首先挂上发动机的挡位时，螺旋桨倾向于把船尾拉向与螺旋桨转动的同一方向。这就是"螺旋桨横移"。因此，顺时针旋转的螺旋桨在以前进挡起步时会把船尾推向右舷，而在倒挡时将其推向左舷。测试你的船的这种自然倾向，并计划好你进出码头的方式，最大限度的发挥这些特性，而不是与之抗衡。

当挂上前进挡的时候，螺旋桨推出来的水流立即冲击到舵上。这能够在船完全移动之前提供其转向的推力。当舵的角度较大时，螺旋桨推动水流冲向舵的一侧并向相反方向推动船尾转动。后退的话是另一种情况，因为舵需要水流通过它才能生效。

由于螺旋桨现在是将水流向前推动到龙骨周围，而不是往后推向舵，因此直到船尾已经向后移动了，这种作用才生效。船倒进相对狭窄的位置时有自己的方式，就像我的那条长龙骨船 Sea Jay 号一样，但带有尾鳍和导流线的现代设计更容易预测。像 Southerly 那样配有双舵的另一种设计后退时也很好操作，但是因为舵不是直冲着螺旋桨水流，所以双舵不会产生螺旋桨尾流效应。在这种情况下，就必须配备船首侧推器来让整个转向操作更容易。

## 转向

1—2: 前进挡短加油，舵上的螺旋桨尾流推动船头转向右舷。

2—3: 倒挡短加油，向左打舵，推动船头进一步转向右舷。

3—4: 重复前进挡短加油，完成 180°转向。

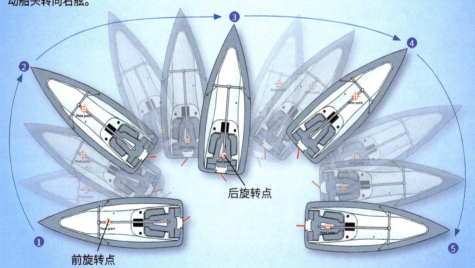

前旋转点

后旋转点

通过最大限度地利用舵上螺旋桨尾流和推动船尾转向的螺旋桨横移效果，是可以通过在前进挡和倒挡之间交替来使船在略大于其自身船长的空间内转向的。操作方式如下：

❶ 大角度打舵到右舷并且保持住。挂上前进挡，短而快地加一下油。螺旋桨水流冲击到舵的右舷，会反向推动船头向左舷转动。

❷ 挂上倒挡，短而快地加油，然后停船，把舵向相反方向打到头，螺旋桨横移将拉动船尾继续向左舷转动。

❸ 挂前进挡，重复步骤 1。

❹ 挂倒挡，重复步骤 2。

❺ 当船在新的航线上时，打舵回正，挂上前进挡，驶离。

如果风很大，要充分考虑，并利用风来协助转向。

### 碰球

当船侧面靠泊码头、港口岸壁或者其他船只时，用碰球来保护船体。

在准备前后缆绳的时候就尽早把碰球放到位。至少要在最大船宽处附近以及船可能剐蹭到系船桩或梯子的位置集中放三个。

把碰球绳在扶手、护舷木或者护栏上绕一圈，再打两个半结，位置要足够高，超出码头浮筒一点。

准备一个大的备用碰球，以应对预计错误的情况。

系上碰球以保护你的船。

当沿着港口岸壁停靠时，用防碰板（木板）挡在碰球外面，这样可以使岸壁上不平整的表面齐平。

船被完全固定好之后，应调整碰球位置，使它们都能起到作用，要么从护舷木（如果可以的话）上固定，要么从护栏柱上固定，以免将护栏绳拉低。通常出于美观考虑，它们会以相同的高度悬挂，但如果你考虑到会有一些涌浪，那么最好一些挂在较高的位置上，另一些挂在比正常位置略低的地方，以应对船在泊位上的摇摆。

### 锚泊的一般注意事项

理想的情况下，每条系泊缆都应是独立的，并固定在游艇和码头上的单独的坚固固定点上。如果由于某种原因出现缆绳断损，这样做也能保证船仍被其他缆绳固定着。

当驶近泊位时，理想的情况是能够以可控的方式在正确的位置停船，这样船员就可以将船固定到你想要的位置。影响停船的两个主要因素是风和流。通过计算和观察，重要的是要知道它们对船与泊位间相对关系的影响，并利用这些合力来减缓船速。

潮水总是会使整个船身移动，而风总是会把船头吹离。通过观察浮标周围的水流，判断出哪边对船的影响更大，然后观察风对系泊船只的影响，再去决定是顶风还是顶流。

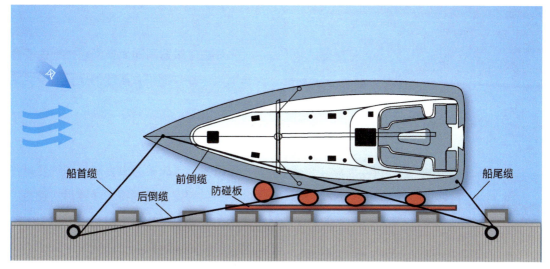

船首缆　前倒缆　防碰板　船尾缆
后倒缆

系泊到码头或港池岸墙上。

如果天气状况对你不利，向码头寻求帮助是没有错的——让一个人在码头上接绳子，或者，如果情况真的很糟糕，开条小艇出来用作侧推。得到帮助并且安全停泊总比不求别人的骄傲和喜悦好得多。

无论你什么时候离开泊位，都有 3 个主要目标：

• 不损坏其他船只或设备；

• 不伤到船员或自己的船；

• 带着所有人安全地离开港口。

以下是一份不错的检查清单：

• 观察流过船的潮汐流，因为可能存在与整体潮汐运动不同的局部涡流。这种流会使船身整体移动。

• 察看风向和风力——这会使船头被吹向某一侧。

通过这些观察，问问你自己，如果所有的缆绳同时松开，船会发生什么情况。这会让你决定哪根（几根）是最重要的。

例如，如果以左舷靠泊在码头上，流速 1 节的水流从船头流向船尾，风力 3 级，风向与右舷船头成 45°，突然，所有的缆绳都断开了，那么你的船就会被风吹着沿码头后退。综合这些信息，你就需要一根缆绳来阻止船后退——后倒缆——以及一根缆绳来控制船头——船首缆。其他两根缆绳无关紧要，可以拿掉。

离开时，应在左舷四分之一处放置一个碰球，松开船首缆，使船倚靠在船尾缆上。如果潮水推力不足以使船头顺风，那就挂上发动机倒挡推一下。一旦船头顺上风，停止发动机的倒推，松开并收回缆绳，驶离泊位。

离开泊位时遇到的大多问题都是由于各种事情过于复杂而陷入混乱的结果。保持简单就好。

### 沿浮码头侧面系泊

浮码头和浮码头通道会随着潮汐涨落，因此，一旦绑定，缆绳将不需要再次调整。所使用的缆绳是船首缆、船尾缆、前倒缆和后倒缆，以使船与浮码头保持平行。

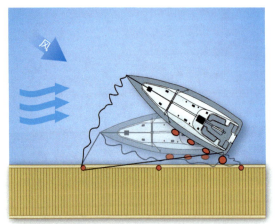

从前方离开泊位。

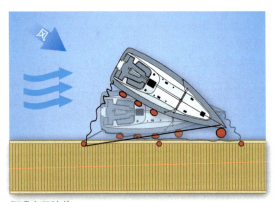

倒退离开泊位。

这说明了将操作复杂性减到最低的重要性——在这种情况下，不需要将四根缆绳全部都收起来（也就是说可以从船上把绳子拉进来）。事实上，你可以让一名船员在码头上解开船首缆，然后在船离开码头前跳上船。让一名船员在码头上解开位置棘手的缆绳，然后再从靠外些的码头或用小船上接他并没有什么不对的——当你离开港口时，你仍然人员齐备！

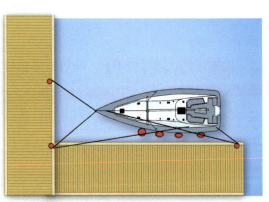

系泊在支码头上。

### 系船桩／浮码头泊位

· 在左舷和右舷系好船首缆和船尾缆并准备好船钩。

· 在机动动力下缓缓靠近，先套上上风桩，然后套上下风桩。

· 继续向前行驶，让前甲板手跳上岸。

· 先系上上风船首缆，然后系上下风船首缆。

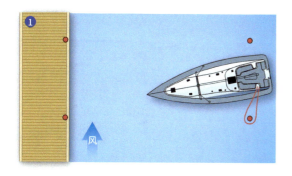

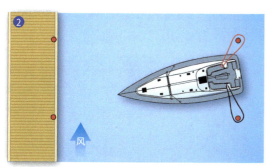

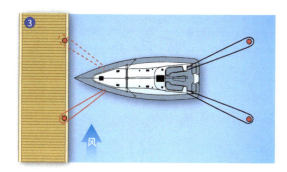

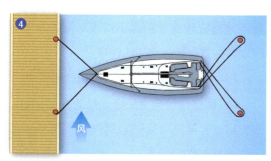

接近系船桩/浮码头泊位。

· 交叉船尾缆，以起到弹簧和拉力作用，使船头刚好离开浮码头或岸壁。

你可以根据驾驶舱朝向喜好来决定是先进船头还是先进船尾，程序完全一样。在每一种情况下，套在桩上的缆绳都必须能自由运行，直到船长要求将其收紧固定。

离开时：

· 整理好缆绳，以便可以从船上将其松开并拉走。

· 察看风向和流向，并据此计划离港。

· 先解开下风缆。

· 解开上风船首缆并挂倒挡（如果你是先船尾先进泊位的话，则是前进挡）。

· 向后慢慢退出，过了上风桩后，解开船尾缆。

· 拿好备用碰球，在意外飘向其他船时做好保护工作。

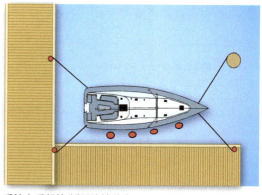

系泊在系船桩/浮码头泊位上。

### 系船桩系泊

•绑好船首和船尾缆，准备好船钩。船尾缆应当捋好，以便在放出时不会卡住——这很重要。

•以低速顶流或顶风进入，选较强的那一个。如果你不确定，就先试一下，先顶风进，然后顶流进，看看哪个对船的影响更大。

•尽快将船尾缆穿过后面的系船桩滑环，如果船员有时间，最好将其系好，帆船继续行进时让其自由拉长。

•尽快将船首缆固定到前面系船桩滑环上。

一旦帆船停下来了，慢慢放松船首缆，同时收起船尾缆，让船漂回到预期的位置。然后适当地进行最后的固定。如果条件困难，就先套上后面的系船桩，再套上前面的系船桩来固定船，然后把缆绳穿过滑环并收紧。

### 离开时：

•整理好缆绳，以便可以将其从船上拉动并松开。

•船尾或船头先顶流开出。千万不要试图顺流离开。

•如果有强侧风，尽可能往下风偏，以免被吹到系船桩上。

### 沿港湾岸墙侧面系泊

与港口管理员或引航员确认潮差以及是否存在障碍物。

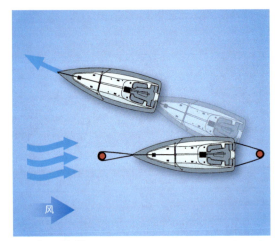

顶风离开系船桩。

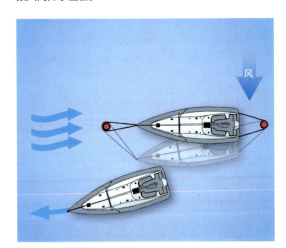

离开系船桩时受到横风影响。

•始终顶流或顶风进入，选较强的那个。使用大量碰球保护船体，如果岸壁形状不规则，则在其外侧再使用防碰板。

•使用独立的船首／船尾缆和倒缆系泊。

•缆绳应预留至少三倍潮差的长度。如果潮差超过9英尺（3米），就有必要留一名船员在船上值班。

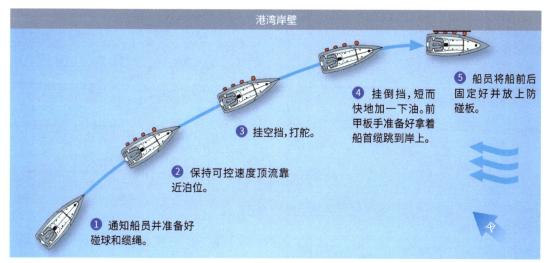

港湾岸壁

① 通知船员并准备好碰球和缆绳。

② 保持可控速度顶流靠近泊位。

③ 挂空挡，打舵。

④ 挂倒挡，短而快地加一下油。前甲板手准备好拿着船首缆跳到岸上。

⑤ 船员将船前后固定好并放上防碰板。

驶抵港湾岸壁。

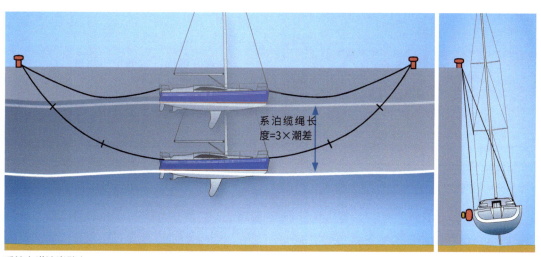

系泊缆绳长度=3×潮差

系泊在港湾岸壁上。

离开时（图示见下页）：

• 整理好缆绳，以便可以将其从船上拉动并松开。

• 船尾或船头先顶流开出。千万不要试图顺流离开。

• 如果空间受限，拉紧顺流一侧的船首/船尾缆，松开顶流一侧的缆绳，让船头/船尾旋转出来。确保你的船不会前后移动，不会撞到两侧的其他船。

• 当船头/船尾摆动出来后，解开顺流侧的缆绳，驶离。

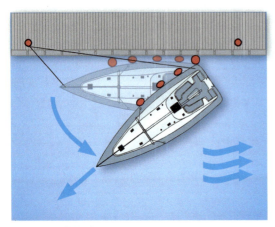

向前离开港湾岸壁。

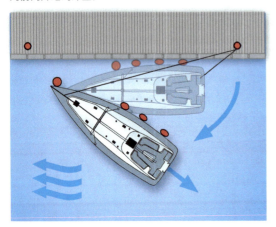

向后离开港湾岸壁。

## 沿其他船侧面系泊

选择一条与你自己的船尺寸相似或略大些的船侧面靠泊。

• 把碰球绑到可以同时保护两条船的高度。

• 始终要顶流或顶风靠近，选较强的那个。

• 绑好船首／船尾缆和倒缆。

• 确保你的桅杆与另一条船的桅杆不在一条直线上，否则如果港内有涌浪，支索可能会发生碰撞。

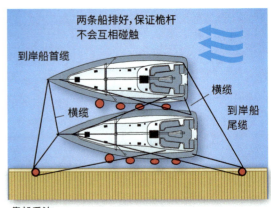

两条船排好，保证桅杆不会互相碰触

到岸船首缆

横缆

横缆

到岸船尾缆

靠船系泊。

• 从前后拉上到岸缆，以减轻内侧船缆绳的拉力。

离开时：

• 整理好缆绳，以便可以将其从船上拉动并松开。

• 船尾或船头先顶流开出。千万不要试图顺流离开。

• 如果空间受限，拉紧顺流侧的船首／船尾缆，松开顶流一侧的缆绳，让船头／船尾旋转出来。确保你的船不会前后移动，不会撞到两侧的其他船。

• 如果你是内侧的船，把外侧船的顺流侧的缆绳绕过自己的船，交给岸上的船员。

• 顺流驶出。

• 潮流有助于将外侧船顶回岸壁或内侧船。

• 岸上的船员重新绑好到岸缆、横缆和倒缆。

• 从外侧船上接回船员。（图示见下页）

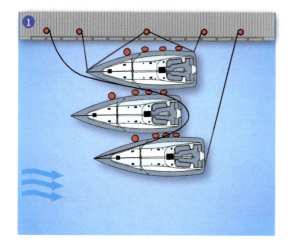

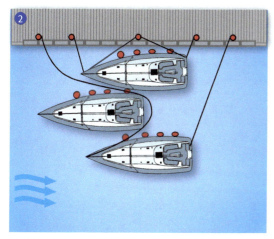

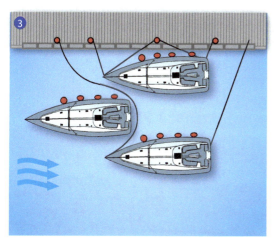

离开系泊的船。

### 在浮标上船靠船系泊

经常在繁忙的港湾中用作到访帆船临时夜间系泊。

• 把碰球绑到可以同时保护两条船的高度。

• 沿着已系泊的船驶近，把船首缆连接到浮标上。靠近的方向由已系泊在浮标上的另一条船给出（假设她船型相似），因为她将直接受到浮标周围风 / 流的共同影响。

• 将船尾缆和倒缆连接到已系泊的船上。

• 确保你们的桅杆不会在涌浪中互相撞击。

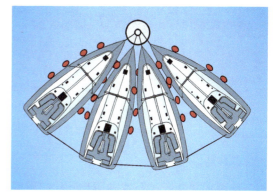

在浮标上船靠船系泊。

离开时：

• 解缆，船尾先出。

• 如果在一组船中间，将旁边一条船的船尾缆绕过自己的船头，绑到另一边的船上。

• 倒车，将一名船员留在相邻的船上，重新系紧船尾缆和倒缆，然后从外侧船上把他接回。

## 锚的类型

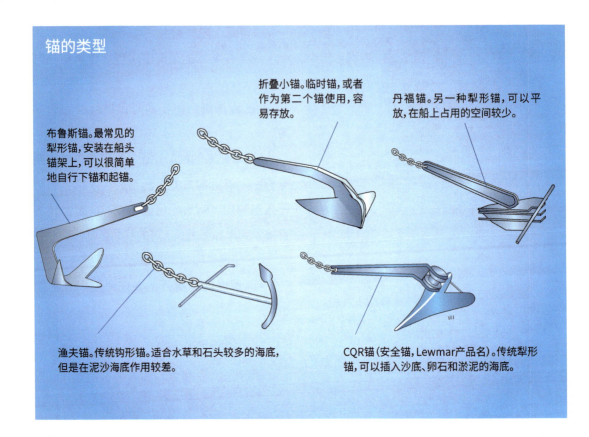

折叠小锚。临时锚，或者作为第二个锚使用，容易存放。

丹福锚。另一种犁形锚，可以平放，在船上占用的空间较少。

布鲁斯锚。最常见的犁形锚，安装在船头锚架上，可以很简单地自行下锚和起锚。

渔夫锚。传统钩形锚。适合水草和石头较多的海底，但是在泥沙海底作用较差。

CQR锚（安全锚，Lewmar产品名）。传统犁形锚，可以插入沙底、卵石和淤泥的海底。

### 下锚

#### 浮锚拉索

　　锚很容易挂在礁石或障碍物上，如果事先系上浮锚拉索就很容易将锚提起来。只需在锚的冠部系一条缆绳，并在另一端系一个浮标或碰球作为浮物。然后，如果锚卡住了，你就开船到这条缆绳的位置，把它往船内拉，锚就会被反拉回来。

　　如果没有系上浮锚拉索，另一种起锚的方法是开船绕圈，利用船的动力从相反方向起锚。如果失败了，你可以选择潜水下去拔出锚或者切断锚缆。

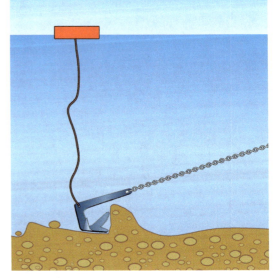

带浮锚拉索的锚。

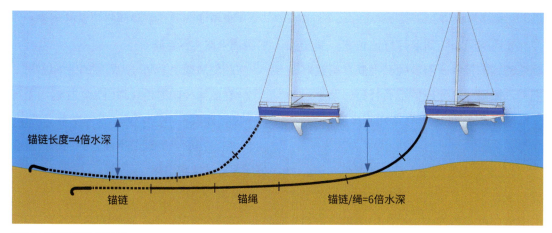

锚链长度=4倍水深

锚链　　　　　锚绳　　　　锚链/绳=6倍水深

锚泊时的锚链和锚绳长度。

当拉力呈水平方向时，锚固效果最佳。展开的锚链长度至少是水深的 4 倍，如果配置的是部分锚链 / 部分锚绳，则需为水深的 6 倍。锚链很重要。锚链越重，你就能睡得越安心。它连接在锚柄上，使锚在海底保持卧平姿态，当船在涌浪中上下起伏时，它还会将一些"抓力"卸掉。全长锚链提供了最大的安全性，但如果使用锚绳来减轻重量的话，则需要将 6 ～ 9 英尺（2 ～ 3 米）的重锚链连接到锚上以压重。

在锚链或锚绳上每间隔 6 英尺（2 米）做上油漆标记，这样在下锚的时候可以提供视觉指示。

### 使用锚机

位于前甲板上的起锚机用于将锚链绞起来。一些起锚机还配有平滑的绞盘鼓以缠绕锚链。其可以用长摇柄手动操作，也可以通过按钮电动或液压驱动。

它们在重负荷下工作，所以，脚、手指和宽松的衣服应与其保持远离。

起锚机。

### 选择锚泊地点

寻找防风和防涌浪较好的位置。海图上标注的锚的符号一般表明其海底具有良好的抓力。如果你对海底情况有怀疑，系上一条浮锚拉索，以便在锚卡住时将其拉起。

• 查看潮差及海图上标注的最低水位。龙骨吃水够吗？下锚时，参考使用测深仪探测的深度，而不是海图上给出的深度——数据可能已经发生了改变！

下锚所需深度＝低潮位时龙骨吃水余量所需的深度＋锚泊时的水深—下一个低水位。

• 查看海湾入口或障碍物位置的潮差。你打算离开时水深够吗？

• 船随风或流摆动时，周围的空间够吗？

• 在此半径内是否有障碍物？在这周围行驶一圈，观察一下测深仪。

• 在下锚前，清理前甲板上的船帆，准备好所需的锚链和锚绳：

所需长度：

锚链的长度＝4 × 高潮水深

锚链和锚绳组合的长度＝6 × 高潮水深

• 当锚绳完全放开后，用短促的倒车将其拉紧，以使锚嵌入海底。

海图上的锚地符号。

• 检查锚点是否有被拖动。参照显眼的地标确认方位，每隔 15 分钟检查一次。你也可以通过检验锚缆的振动来判断锚是否移动了，振动表明锚在沿着海床被拖动时发生的颠簸冲撞。

• 如果流锚了，则要加长锚缆长度：

锚链长度 = 5× 高潮水深

锚链和锚绳的长度 = 8 × 高潮水深

• 如果继续流锚，则起锚，查看海图寻找另一个下锚点。

## 下双锚

如果预测到恶劣天气，或者你希望限制船在潮流或拥挤的锚地、航道上的摆动，那么就要下第二个小锚。

在**恶劣天气**下，在船头两侧，与风向成 45°角下两条独立锚缆的锚。

所需长度：

锚链长度 = 5× 高潮水深

锚链加锚绳的长度 = 8× 高潮水深

为了**限制摆动**或在潮流中保持相对位置，则从船尾下第二个锚（小锚）。

清理船尾，在下锚前准备好所需的锚链和锚绳：

所需长度：

锚链的长度 = 4× 高潮水深

锚链和锚绳的长度 = 6× 高潮水深

将船头锚绳放出所需距离，以放下船尾锚。

收紧船头锚绳并系紧。用手拉紧船尾锚绳，以使锚嵌入海底。

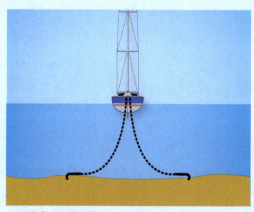

用于恶劣天气的双锚。

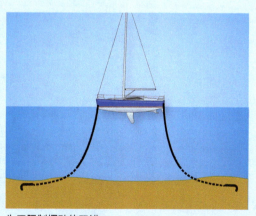

为了限制摆动的双锚。

### 系泊球系泊

摆动式系泊球相对于码头泊位而言，成本较低。它们通常由一根直立链条连接主系泊球组成，再连接到一个重型沉铅或底链上，底链上连接着一连串的系泊设备（欧美国家一般将这种连串的系泊设备称为"trot"）。

如果你幸运的话，主系泊球会有一个连接到系泊缆绳上的收缆浮球，其可以被拉到船上并固定在前甲板的系船柱上。

收缆浮球。

### 系泊时：

• 船长通知前甲板手是要顶流还是顶风靠近，选较强的那个。

• 船员准备好船钩，并向船长示意浮标的距离和角度。

• 船员用船钩钩起系泊缆，并将其拖至甲板高度。

• 第二名水手抓住收缆浮球或系泊缆，将其通过船头滚轮送入，缠绕在系船柱上……

• ……并在系船柱上使用 OXO 方法固定系泊缆。

一些商用系泊系统没有收缆浮球，而只是一个环，要将你自己的系泊缆绳连接到上面。

带收缆浮球的底链系统。

盘起船首缆，做好准备……

系泊时：

• 船长通知前甲板是要顶流还是顶风靠近，选较强的那个。

• 船员准备好船钩，并向船长示意浮标的距离和角度。第二名水手拿着锚缆，一端系到系船柱上。如果情况允许，船员用船钩钩住锚泊环……

• ……第二名船员用系泊缆穿过这个环，通过船头滚轮带回，系在系船柱上。

如果条件太恶劣，一名船员可以用临时系泊缆套住浮标，将其拉到船旁，让另一名船员绑上系泊缆。不要把这个临时拉索一直留在上面，因为当船在浮标周围摆动时，它会打卷，可能会损坏系泊设备。

……双手扔出缆绳套住浮标。

## 离开系泊球时

船长通知前甲板其打算离开的方向。

• 船长启动发动机，放在空挡上。

• 船长呼喊"解缆"，船员解缆。

• 船长让船随流或者风向后漂移，以避免向前压过锚泊链。

• 解开后，船长挂前进挡，打舵驶离系泊区域。

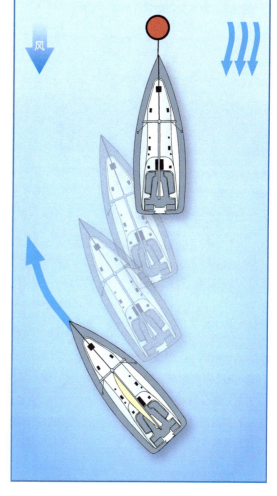

风

# 平衡、风帆、调帆

如果你以前没有负责过一条船，我们强烈建议你请一名教练登船向你展示基本操作。选择一个风力适中、潮流平缓的日子。先将缭绳放出一半跑个正横风（与风向成90°角），摸索一下船的感觉。

## 操控

如果你的船像 SB20 一样由舵柄操舵，那么舵柄推或拉的方向要与你想去的方向相反。如果船是有舵轮的，那么你就像驾驶汽车一样操作船的方向。舵是主要的控制系统。

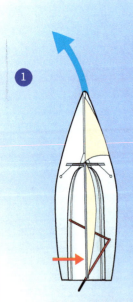 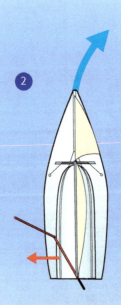 

❶ 把舵柄推到远离你的方向，那么船就会往上风偏转并且减速。（这个叫作迎风偏转）

❷ 把舵柄拉到靠近你的方向，那么船就会往离开风的方向偏转。（这个叫作顺风偏转）

❸ 设定一个有一定距离的目标，船以平缓的 S 形航线驶向它，进行练习。你很快就能领会到操舵的感觉。

## 平衡

在像 SB20 这样的龙骨船上，平衡船和调整前帆是船员的工作。如果风力适中，他们总是需要坐在舵手一侧的侧甲板上，尽可能地压平船。如果风力下降，那么船员则需要进入船内，坐在船中，甚至是下风侧，以保持船身平稳。

在较大的船上，船员重量对扶正力矩的影响较小，虽然水手在迎风侧坐成一排会有所帮助，但在适当的时机减小帆面积对减少侧倾以及保持对船的控制更为重要（见第 71 页的"缩帆"）。

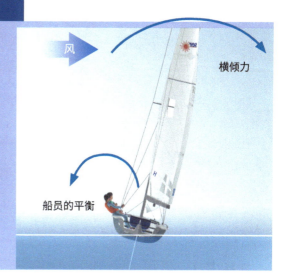

风

横倾力

船员的平衡

### 停船

松开缭绳，把帆彻底放出去，让其飘帆。

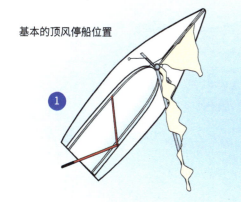

基本的顶风停船位置

风

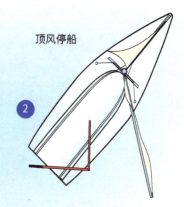

顶风停船

1

2

### 顶风停船基本要领

随着船的减速，舵手把船头转向风，松开主缭，直到帆不再受风。然后舵手将舵居中。

要让船顶风停船一段时间时，保持船稳定、停下且安静的状态，只需用力将前帆拉向上风侧，夹住缭绳并且用力推舵以抵消前

帆的旋转力。此时，船将自己在后迎风的角度上保持平衡。

重新启速时，船员松开前帆并将缭绳拉到另一侧。舵手顺风偏转恢复航行，适当调整主帆。

## 调帆

帆也可以对船产生转向作用。将船拉回到基本的顶风停船位置，然后仅收紧主帆。船将迎风偏转。

回到基本的顶风停船位置，然后仅收紧前帆。船将顺风偏转。前帆和主帆缭绳同时收紧，互相平衡，减轻了舵力和操舵所需的力量。

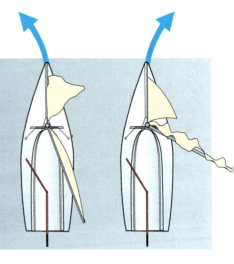

### 去转向

从正横风的一侧 180°转到另一侧。

风

❹ 舵手将舵回正到新的航线上。船员微调前缭拉力。舵手或船员调节主缭。

❸ 随着船转向过了滞航区，船员将前帆缭绳收紧在另一侧的绞盘上。

❷ 舵手和船员观察周围是否有换舷的足够空间。舵手往远离他们的方向推舵。

❶ 舵手呼喊"准备换舷"。船员回答"准备好了"。

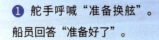

### 滞航区

    直顶着风航行是不可能的，帆船是通过之字形曲折航线来迎风前进的。风向两边各45°角之内的范围被称为"滞航区"。这个区域内，帆船指向风来的方向。船会停下来，无法转向，没有舵效。还存在帆杆在风中摇摆并打到你头上的危险，所以要小心。滞航区是要避免的航向。

风

## 调帆

侧顺风是风从船的侧后部吹来，帆完全伸出但前帆不受风，因为它被主帆挡住了风。

练习从正横风转向，通过后横风到侧顺风行驶，然后再回到近迎风航线。

跑正顺风时，你可以把前帆放到上风一侧，可以在桅杆和帆后角间连接一根撑杆，也可以让船员站在侧支索旁放出前帆缭绳。

风从船的下风侧后部吹过时为反舷顺风驶，应当避免，因为风会吹到主帆背面，迫使主帆摆动，造成急速顺风换舷。

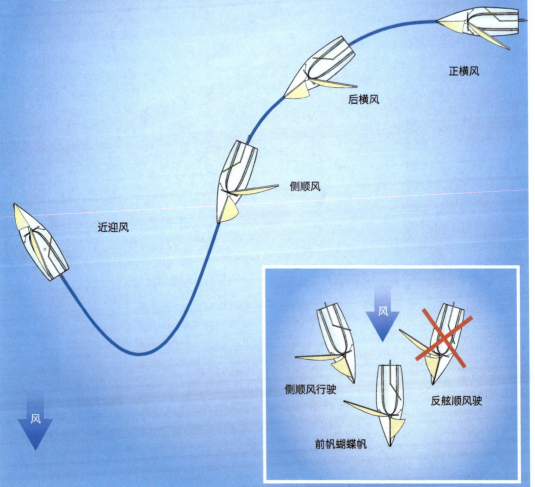

正横风

后横风

侧顺风

近迎风

风

风

侧顺风行驶

反舷顺风驶

前帆蝴蝶帆

## 顺风换舷

顺风换舷使船后部越过风。从侧顺风行驶开始，检查确认下风侧是否有其他船或附近的潜在危险。

**5** 随着主帆在另一侧张满，舵手在新的侧顺风航线上行驶并适当调整主帆。船员调整前帆。

**4** 船员在另一侧调前帆，让主帆缭绳快速放出。

**3** 当船尾越过风后，舵手或船员拉紧主缭到帆杆中线。舵手呼喊"顺风换舷（Gybe ho)"并把舵回正。船员低头，帆杆摆过，主缭快速自由放出。

**2** 舵手呼喊"转向"，把舵拉向自己或打舵轮以顺风偏转。

**1** 舵手确认没有障碍物或其他船。舵手或船员拉紧主帆到船中线附近，并且通过呼喊"准备顺风换舷"来警示其他人。船员回答"准备好了"。

## 手势信号

手势信号是非常有用的，因为口头指示常常被风影响。以下是几个简单的手势信号，需要记住。

一个手指向上绕圈。绞紧前帆。

两个手指向上绕圈。绞紧支索帆。

一个手指向下绕圈。松前帆。

两个手指向下绕圈。松支索帆。

握紧拳头。停止！

## 船员岗位

以下是甲板上的主要岗位。许多休闲帆船的设计都是可以在"人手短缺"的情况下操作的，两三个人就够，所以有些角色，如船长和引航员，或引航员和中舱手，以及桅杆手和前甲板手都是一人兼两职。

**H** **舵手/船长**：集中精力操舵，在换舷和换帆的时候发布口令。

**N** **导航员**：负责通信、导航和气象信息。

**G** **绞盘手**：负责主帆、前帆和球帆绞盘。

**T** **调帆手**：负责调前帆和球帆缭绳。

**C** **中舱手**：在驾驶舱内操控升帆索、操作球帆杆前角绳和帆杆提索，缩帆绳、前帆卷帆、帆杆斜拉器和任何其他液压控制。

**M** **桅杆手**：负责跳起拉升帆索；装卸球帆杆靠近桅杆一侧，调整球帆杆，装卸外撑杆；协助前甲板手操控前帆和球帆。

**B** **前甲板**：作为前方瞭望。负责前帆和球帆的升降和更换；调整球帆。

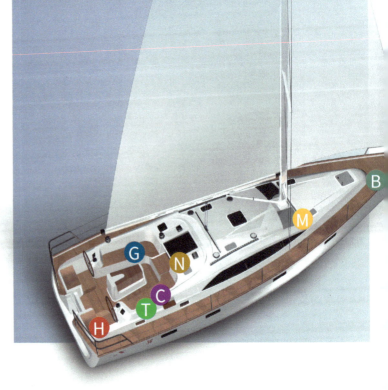

# 迎风换舷

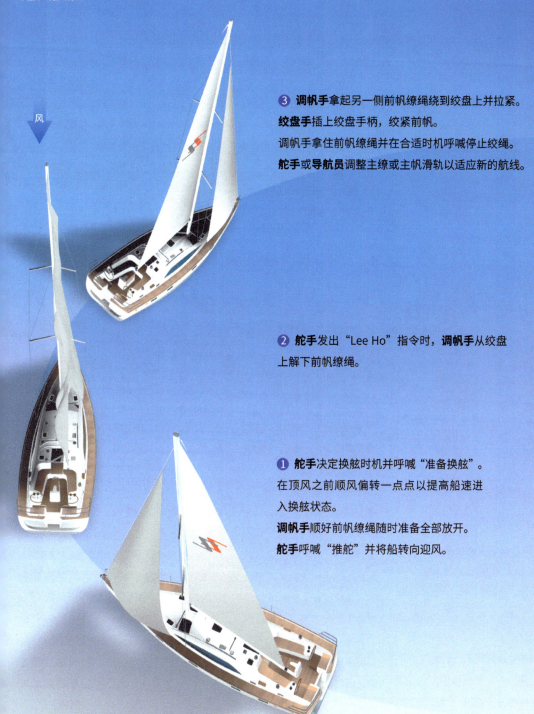

风

③ **调帆手**拿起另一侧前帆缭绳绕到绞盘上并拉紧。

**绞盘手**插上绞盘手柄，绞紧前帆。

调帆手拿住前帆缭绳并在合适时机呼喊停止绞绳。

**舵手**或**导航员**调整主缭或主帆滑轨以适应新的航线。

② **舵手**发出"Lee Ho"指令时，**调帆手**从绞盘上解下前帆缭绳。

① **舵手**决定换舷时机并呼喊"准备换舷"。
在顶风之前顺风偏转一点点以提高船速进入换舷状态。

**调帆手**顺好前帆缭绳随时准备全部放开。

**舵手**呼喊"推舵"并将船转向迎风。

## 换帆

在帆船上更换船帆就像汽车换挡一样——平稳过渡，并尽快地提速。船员分为两组：调帆手和换帆手。即便是在更换的过程中，调帆手也要一直集中精力在调帆上，而换帆手则需要尽量高效地完成更换任务。

更换前帆最简单的方法是让船处在与海况和风力相对平稳的角度上，松开主帆缭绳减速，然后将前帆降下并升起新的前帆。下面是在俱乐部比赛时使用的另一个保持船航行状态中换帆的程序。不管哪种，安全的方法就是最快的方法——如果一次就能正确地完成更换，则比匆匆忙忙的两次都要快。

### 迎风换舷过程中更换前帆

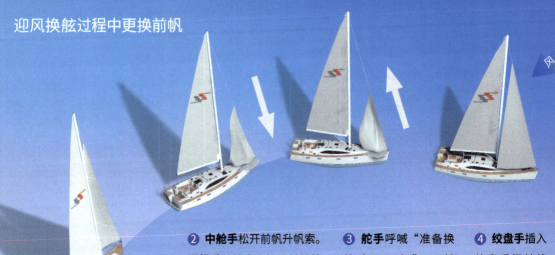

❶ **舵手**决定更换前帆的时机并呼喊信号"迎风换舷换前帆"。

**桅杆手／前甲板手**拿出来新的前帆，连接好前帆角并用绑帆带固定。

**中舱手**整理好现用的前帆缭绳准备放开。

**舵手**呼喊降下前帆。

❷ **中舱手**松开前帆升帆索。**调帆手**从绞盘上松开前帆缭绳。

**桅杆手／前甲板手**降下前帆并且用绑帆绳固定好。

**前甲板手**将新的前帆挂到前支索上并把升帆索连接到帆顶上。然后呼喊后面的**中舱手**"升帆索好了"。

**桅杆手**把缭绳连接到新前帆的后角上。

**调帆手**重新定位前帆滑轨车到正确的位置上。

❸ **舵手**呼喊"准备换舷（Lee Ho）"，然后随着船头转向迎风时升起前帆。

**桅杆手**在桅杆旁以最快的速度拉起升帆索。

**中舱手**把升帆索绳尾绕到绞盘上。当帆完全升起后，呼喊"到顶了"。

**调帆手**拉起新的前帆缭绳绕到绞盘上并收紧。

❹ **绞盘手**插入绞盘手柄并将其绞紧，直到**调帆手**喊"停"。

**桅杆手／前甲板手**卸下旧的前帆并储存好。

**调帆手**将多余的前帆缭绳引到正确的甲板导绳装置中。

**所有人**：整理完毕后回到各自岗位。

## 顺风更换前帆

**①** 用于具有双前帆边滑轨夹槽的帆船。

**舵手**决定更换前帆的时机并呼喊信号"顺风换帆"。

**桅杆手/前甲板手**拿上来新的前帆并把前角和升帆索连接好。

**调帆手**将临时缭绳系统连接到已有前帆上。解开旧的前帆缭绳，将其连接到新前帆的后角上并将滑轨车推到正确的位置上。

**②** **中舱手**顺好现有前帆升帆索并准备放出。

**舵手/中舱手**给出升帆口令。

**前甲板手**将前帆边塞入前帆边滑槽。

**桅杆手**在桅杆旁快速拉起升帆索。

**中舱手**把新的升帆索绕到绞盘上。

风

**③** **调帆手**把新的前帆缭绳绕到绞盘上并收紧。

**绞盘手**插入绞盘并将其绞紧直到**调帆手**喊"停"。

**中舱手**解开旧的升帆索，并按照**桅杆手/前甲板手**的指示将其放松。

**桅杆手/前甲板手**收起旧的前帆并储存好。

**调帆手**将多余的前帆缭绳引到正确的甲板导绳装置中。

**所有人：**整理完毕后回到各自岗位。

## 球帆的张挂

准备升起球帆时的状态图。

① 缭绳
② 球帆下风索
③ 球帆下风缭绳
④ 拉索（后拉索）
⑤ 球帆（存储于甲板上的帆包）

⑥ 后拉索和连接在球帆前角的球帆下风缭绳
⑦ 缭绳和连接在球帆后角的球帆下风索
⑧ 球帆升帆索
⑨ 引向球帆杆的球帆下风缭绳
⑩ 球帆杆上拉绳
⑪ 球帆杆下拉绳（前下拉绳）

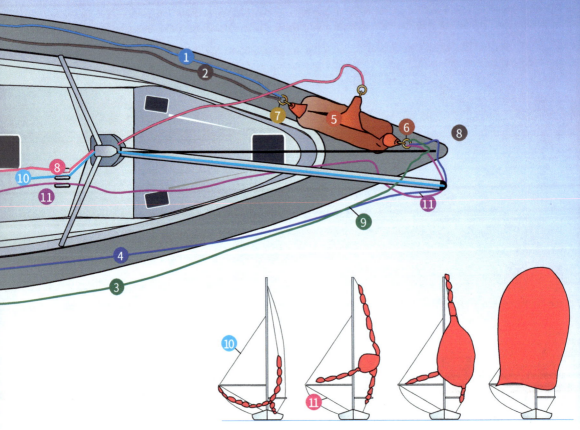

带崩扣系统（Popper system）的球帆（以前用过系皮筋或者羊毛线）可以在升帆过程中防止帆提前打开。

# 升起球帆

① **桅杆手／前甲板手**安装好球帆杆。

**中舱手**装好球帆杆提索和下拉索。

**调帆手**调好球帆下拉索位置以符合风角。

**舵手／导航员**呼喊"准备升球帆"。

② **舵手**决定升起球帆的时机并且呼喊"升球帆"。

**桅杆手／前甲板手**把球帆袋提上来，用绑帆绳系在甲板上并连接好。

**中舱手**准备好球帆升帆索，绕到绞盘上。

③ **桅杆手**用力尽快拉起球帆升帆索。

**中舱手**收紧升帆索并在完全升到顶之后呼喊"升帆索好了"。

**调帆手**配合**绞盘手**使用绞盘拉紧球帆缭绳。

④ **中舱手**松开前帆缭绳并卷起前帆，或者，如果帆正在往下降，顺好前帆升帆索做好准备。

**桅杆手／前甲板手**一起把前帆在前甲板固定好。

**中舱手**松开后支索调节器。

**所有人**：进行整理。

## 下风降球帆

**①** **舵手**决定降下球帆并准备升前帆的时机。呼喊"下风降球帆 —升前帆"。**中舱手**顺好球帆升帆索，准备升起或者打开前帆。**桅杆手 / 前甲板手**松开前帆绑帆带准备升帆。

**②** **舵手**呼喊"降球帆"。

**中舱手**松开球帆升帆索，前甲板松开球帆杆外端。

**调帆手**收好球帆下拉索。

**舵手**开始以可控的方式向上风顶。

**调帆手**从帆杆下用球帆下拉索拉球帆并拉入驾驶舱。

**绞盘手**松开球帆杆拉索和球帆缭绳。

**中舱手 / 桅杆手**一起从帆杆下面把球帆收进来，递到舱下重新打包。

**③** **桅杆手**尽快拉起前帆升帆索，**中舱手**收紧升帆索，然后等前帆完全升到顶的时候呼喊"升帆索好了"。

**调帆手**把前帆缭绳收紧。

**绞盘手**绞紧前帆缭绳直到**调帆手**喊"停"。

**④** **调帆手 / 绞盘手**调整前帆适应新的航线。

**中舱手**调整主缭到新航线上并重新拉紧后支索调节器。

**前甲板手**收起球帆杆并清理好前甲板，准备下一个换舷。

**所有人**：进行整理。

# 球帆杆调头式顺风换舷

开放式龙骨船和带有上下拉索的中央球帆杆的小帆船使用的标准顺风换舷方法。

**①** **舵手**决定顺风换舷的时机并呼喊指令"准备球帆顺风换舷"。

**导航员／中舱手**把主帆拉到中线上。随着**舵手**转向顺风，**调帆手**慢慢松出一半球帆后角。

风

**②** **前甲板手**从桅杆上摘下球帆杆，并把这一端连接到另一个帆角上。

**调帆手**同时调整缭绳和拉索，保持球帆受风。

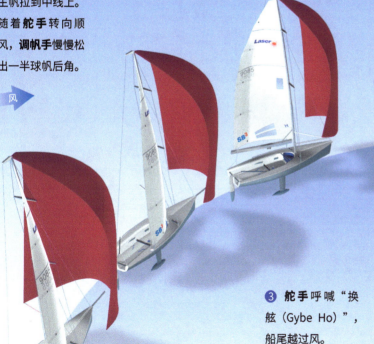

**③** **舵手**呼喊"换舷（Gybe Ho）"，船尾越过风。

**导航员**控制主帆缭绳。

**前甲板手**把球帆杆另一端从原来的帆角上摘下并安装到桅杆的球帆杆座上。

**④** **中舱手**调整球帆杆提索。

**调帆手**夹住球帆下拉索并调整新的球帆缭绳。

**所有人**：整理完毕并回到各自岗位上。

## 降杆式顺风换舷

只有一根球帆杆的船使用的标准顺风换舷方法。

❶ **舵手**决定顺风换舷的时机并呼喊指令"准备球帆顺风换舷"。
**导航员/中舱手**把主帆拉到中线上。
**舵手**转向顺风时调帆手慢慢松出一半球帆后角。

❷ **前甲板手**把球帆杆从帆上摘下来。
**调帆手**同时调整缭绳和拉索，保持球帆受风。
**中舱手**降下球帆杆提索并松开前角下拉索。
**桅杆手**向前推转球帆杆（可能需要将球帆杆升起以使其收进前支索以内）。

❸ **前甲板手**将球帆下拉索连接到球帆杆末端，将其推出到新的上风侧。
**舵手**呼喊"换舷（Gybe Ho）"，船尾越过风。
**导航员/中舱手**松开主缭。
**调帆手**放松前拉索到新的航线上。

❹ **中舱手**拉起球帆杆提索。
**调帆手/绞盘手**夹住球帆后拉索并调整新的球帆缭绳。
**舵手**在新的航线上调整主帆。
**所有人**：进行整理。

## 巡航船袜套式球帆（MPS）的升起

> 这种帆的张挂就像前帆边松弛的前帆一样，且常常有套接或套圈。如果没有的话，那么就要先停下，在升帆前准备一套蹦扣系统。

**1** **舵手**决定准备升起MPS 的时机并呼喊"升起球帆套筒"。

**桅杆手／前甲板手**把球帆袋提上来，用绑帆绳绑到甲板上并连接好。

**中舱手**准备好球帆升帆索绕到绞盘上。

**2** **舵手**呼喊"升套筒"。

**桅杆手**跳着拉起球帆升帆索。

**中舱手**收紧升帆索并且在球帆完全升到顶时"升帆索好了"。

**3** **中舱手**松开前帆缭绳并卷起前帆。或者顺好前帆升帆索做好准备。

**桅杆手／前甲板手**收起前帆并把它固定在甲板上。

**导航员**松开后支索调节器。

**4** **桅杆手**把套圈升到桅杆顶。

**调帆手／绞盘手**绞紧球帆缭绳直到调帆手喊"停"。

**前甲板手**检查前角绳是否在船首护栏上、前支索配件或者锚架上摩擦。

**所有人**：进行整理。

## 巡航船袜套式球帆 – 降下

**①** **舵手**决定要降下套筒并准备好前帆的时机。呼喊"下风降套筒 – 升前帆"。

**中舱手**顺好球帆升帆索准备放出并打开前帆。或者，**桅杆手 / 前甲板手**松开前帆绑帆带准备升起前帆。

**桅杆手**快速拉起前帆升帆索，**中舱手**收紧升帆索并且在前帆完全升到顶之后呼喊"升帆索好了"。

**调帆手**收紧前帆缭绳，然后松开球帆缭绳。

**②** **前甲板手**从桅顶拉下套圈套起整个球帆，然后呼喊"套圈降下"。

**③** **中舱手**松开球帆升帆索。**桅杆手 / 前甲板手**收起套筒，解开升帆索、缭绳和前角绳，然后把套筒递到舱下。

**④** **绞盘手**绞紧前帆缭绳直到**调帆手**喊"停"。

**导航员**调整主缭绳到新的航线上并重新收紧后支索调节器。

**所有人**：进行整理。

## 巡航船袜套式球帆换舷

标准的顺风换舷技术——与前帆顺风换舷方法一样。如果袜套式球帆装在卷帆器上，那么就考虑卷起 MPS，在完成主帆顺风换舷之后再打开球帆。

**①** **舵手**决定顺风换舷的时机并呼喊指令"准备顺风换舷"。

**舵手 / 导航员**将主帆拉到中线位置。

**舵手**边转向顺风，**调帆手**边松开球帆。

**②** **舵手**呼喊"换舷（Gybe Ho）"，船尾越过风，松开主帆缭绳。

**调帆手**松开袜套式球帆的缭绳。

风

**③** **调帆手**重新在绞盘上拉紧新的缭绳。

**绞盘手**绞紧缭绳直到调帆手喊"停"。

**所有人**：进行整理。

# 潮汐和天气

乍一看，风和潮汐的外部因素可能是很复杂的，可一旦你知道了什么是关键，这些迹象就都很容易解读。

正如英国帆船学院 (UKSA) 的高级讲师理查德•巴格特 (Richard Baggett) 告诉他的学生们的那样，"上帝给了你们耳朵……去感觉风从哪个方向吹来。它们是你最好的风向线，所以，使用它们吧！"

出海前的第一个原则是查看当地的天气预报和潮汐，这些信息可以从网络、天气频道、港口办公室随时获取，或者通过手机短信接收。

第二条规则是密切关注天气，通过监测旗帜、烟囱和你周围的其他船只来观察风力或风向的变化。如果经常使用，Mark 1 eyeball 是一个很好的预测工具。

离岸风时，海面在近岸可能看起来很平静，但返航时你需要提前考虑，因为会顶风行驶。向岸风会使离开港口变得困难，但是一旦离开陆地的影响，海浪一定会减弱，风向也会使稍后返回港口变得更容易。

## 潮位和潮汐流

在大约 6.5 小时的时间里，潮水的高度上升到高潮，然后在接下来的大约 6.5 小时里下降到低潮。这种现象的发生具有单调的规律性，可以通过从航海年历、港口管理员处或者直接从网上获得的潮汐表来精确地预测。

潮汐是由太阳、月亮和地球之间的相互作用引起的。当三者排成一行 [ 新月（图 1），或满月（图 2）] 时，太阳和月亮的引力直接叠加在一起，这就导致了大潮（图 4）——高潮相对较高，低潮相对较低。

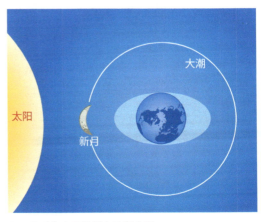

图1：月球和太阳的引力共同作用。

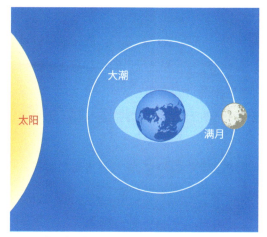

图2：月球和太阳的引力共同作用。

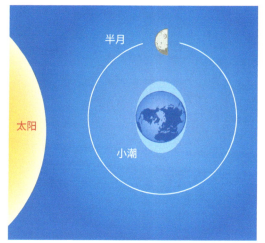

图3：月球和太阳的引力相互作用。

当太阳和月亮与地球成直角时[半月（图3）]，它们各自的引力是成直角的，因此不会直接相互增加。这会导致小潮（图5）——高潮没有大潮时那么高，低潮线也没有大潮时的那么低。

显而易见，潮汐的高度决定了哪些礁石有危险，除此之外，潮汐的范围（某一天高水位和低水位之间的高度差）还直接关系到潮汐流的速度。

潮汐的时间周期是恒定的，所以大潮的速度比小潮快，因为它们在同样的 6.5 小时内却要沿岸移动更大的水量。

从逻辑上讲，潮水会涨到高潮，然后立即转向低潮。然而实际上，潮汐流的转向可能在相关的高潮或低潮前 2 小时发生。这些信息可以从潮流图册、当地水手、帆船俱乐部和港口管理员那里获得。

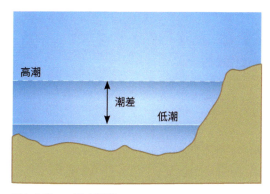

图4：大潮——最大涨落。

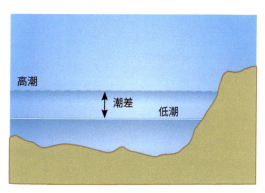

图5：小潮——最小涨落。

### 风与潮汐的结合

潮汐的涨落速度可以有很大的不同——在某些地方，平均速度是 2 节，而在狭窄的港口入口或岛屿之间的间隙，速度可以定期达到 5 或 6 节。这对海况和航行目的地都有直接影响。

海况主要是由海面风对水面的作用产生的。当风和潮汐的方向一致时（图 6），海况会相对平静，不会有太大起伏。在风和潮汐的方向相反时（图 7），情况会完全不同，海浪更短更陡，有更大的溅浪风险。

如果预报有强风，那么知道什么时候涨潮和退潮是非常重要的，这会直接影响海况。

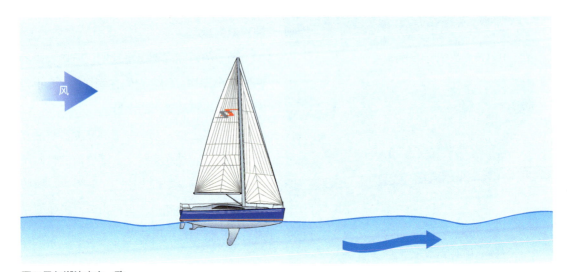

图6：风与潮汐方向一致。

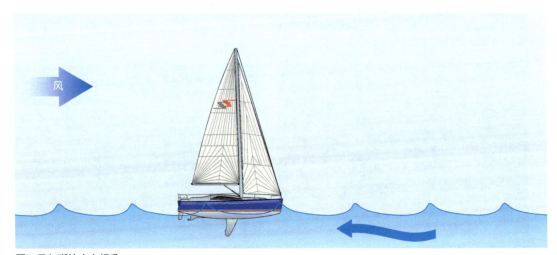

图7：风与潮汐方向相反。

### 完美的航行条件

在英国索伦特 (Solent)，UKSA 的海上训练船员正在享受完美的航行环境。在这里，太阳和盛行风中的向岸风有助于产生利于航行的海风。

### 云的分类及其预示的天气

空气经过水时会带走湿气，并使之悬浮。携带走的水量很大程度上取决于空气的温度和它流经的水的温度。由于各种原因，这些空气可能会上升或者冷却（或两者兼而有之），湿气便会以水蒸气的形式从悬浮体中析出，这便是云。

云的类型取决于它所来自的空气发生的变化，所以，云可以很好地指示当前的天气状况或者即将发生的天气变化。

云主要有四大类：

卷云——一簇或细丝状

积云——经典的蓬松云

层云——层状云

雨云——含雨的云（通常是更暗更不祥的灰色）

具体的云类型有很多，最常见的有以下几种：

**高云族**

云底高度在 18,000 至 45,000 英尺 (5,500 至 14,000 米 ) 之间

**卷云**

• 卷积云
• 卷层云

**中云族**

云底高度在 6,500 至 18,000 英尺 (2,000 至 5,500 米 ) 之间

**中层**

• 高积云
• 高层云
• 雨层云

**低云族**

云底高度为 6,500 英尺 (2,000 米 ) 以下

**积云**

• 积雨云

**层云**

• 积层云

卷云：长而轻软的细丝状冰晶，常呈现马尾状。这些云通常与锋面系统的接近有关，意味着未来 24 小时天气将发生变化。

卷积云：被称为"鱼鳞天"，它们是由高海拔的冰晶组成，看起来像海滩上的波纹状沙子。这些云通常与锋面系统的接近有关。

卷层云：一种更连续的高层冰晶，同样与锋面系统的接近有关。这种云可能会带来日晕和月晕现象。

高积云：稀薄、蓬松分散的云。它是继卷云之后的指示物，预示着锋面系统及随之产生的降雨将在未来 12 小时左右来临。

**高层云：** 一层薄薄的、相对稳定的云层，太阳透过它发出微弱的光芒。天空中会有暗灰色的小块，这是即将来临的降雨和锋面的前兆。

**雨层云：** 一种颜色更暗、重量更大的层云，识别特征明显，悬挂在主构造的底部，就像等待降落的大袋雨水。降水量可能很大，在这些降雨的边缘会有一些不可预测的风变和阵风。

**层云：** 一种最压抑、均匀的灰色低层云，几乎无可识别特征。会降落零星的毛毛雨和小雨，通常出现在锋面的末端或锋面系统的暖区。

**积云：** 单个的白色或浅灰色蓬松云，常见于午后的海岸线，天气变热暖空气上升所致，抑或是锋面系统经过后，出现在相对干燥的空气中。它们是好天气的标志。

**积层云**：层状积云，通常为成片的白色或浅灰色。这些云都不具有威胁性，通常能出现的最糟糕的情况也就是偶尔的阵雨。

**积雨云**：这些云通常与冷锋有关，常在它们前面形成线飚。它们的高度通常很低，但最高可达 4 万英尺 (1.2 万米)，非常活跃、黑暗和令人望而生畏，会产生雨、雹、雷和闪电，在它们的边缘和下面还会产生不可预测的强烈暴风。它们可以嵌入层积云层中，可以通过它们极其黑暗的底部和特殊的钻型顶部来识别。

朝霞不出门：这句谚语通常是对的——当东方升起的太阳照亮了西方正在接近的云层，说明锋面系统在路上了。

晚霞行千里：如果一个锋面系统从西向东经过（通常是这样），那么西边的落日将照亮锋面系统背面的云层，因为它将雨向东带走了。

## 蒲福风级表

| 风级 | 风速<br>节(海里/小时) | 风的名称 | 观测现象 | 航行选择 |
|---|---|---|---|---|
| 0 | 0～1 | 无风 | 大海就像一面镜子,烟垂直上升 | 满帆——船员坐下风侧 |
| 1 | 1～3 | 软风 | 水面涟漪成鳞片状,烟的漂移和旗帜可以指示风向 | 满帆 |
| 2 | 4～6 | 轻风 | 带有玻璃状波峰的小波纹。脸上能感觉到风,旗子和风向标同样能指示风向 | 满帆 |
| 3 | 7～10 | 微风 | 大波纹。波峰开始破裂,产生零星的白色水花。树叶及树枝开始摆动。是学习航海的理想条件 | 主帆一级缩帆 |
| 4 | 11～16 | 和风 | 小波浪,逐渐变大,伴有更密集的白色水花。龙骨船需要更多的工作来保持平衡 | 主帆二级缩帆,前帆卷起1/3 |
| 5 | 17～21 | 清风 | 中等波浪,以一种更明显的有规则的伴有喷溅的白色浪花形式出现。船有侧滚的风险。小树随风摇摆,旗子横飞 | 主帆二级缩帆,前帆卷起1/2 |
| 6 | 22～27 | 强风 | 波峰有白色泡沫的大波浪,喷溅范围广。是小龙骨船的安全极限。大树摇摆,风有呼呼声 | 主帆三级缩帆,前帆卷起2/3,或张挂风暴前帆 |
| 7 | 28～33 | 疾风 | 海面涌起,破碎的波浪产生的白色泡沫开始沿着风向形成条纹 | 主帆三级缩帆,或张挂风暴三角帆和风暴前帆 |
| 8 | 34～40 | 大风 | 较长波长的中等高浪,浪尖的边缘开始变成浪花。泡沫沿着风的方向被吹成明显的条纹 | 返回港口! |

### 锋面系统和气象图

大多数天气都是由锋面系统、低压区或大陆低压系统的通过造成的。对这些知识的基本了解，以及定期查看气象图，将会很快使你的预测能力达到合理的水平。

天气的基本来源是不同气团之间的相互作用。一般来说，气团可分为四类：

**极地气团**：来自极地地区的寒冷而干燥的空气。

**热带气团**：来自热带海洋地区的温暖而湿润的空气。

**海洋气团**：来自非热带海洋地区的相对湿润的空气。

**大陆气团**：来自大面积陆地的相对干燥的空气。

造成欧洲大部分天气的锋面系统是由来自北极的冷干极地空气和来自大西洋的暖湿空气相互作用造成的。

涡旋的形成（就像在浮码头边水面上看到的那种），而后该气象系统会开始旋转［北半球为逆时针旋转（图1a），南半球为顺时针旋转（图1b）］。

这就形成了两个主要特征——暖锋和冷锋。这些叫法是相对暖湿气团和相对冷干气团的前峰来说的（图2）。一个家庭生活的例子就是早晨的浴室，热的、充满水分的空气遇到一面冷而干燥的镜子，凝结立即形成。与之相较而言，暖锋和冷锋是其放大的版本，但从根本上来说，也是两个不同气团的相遇。在这两个锋面之间的部分是相对温暖和湿润的气团，称为暖区。

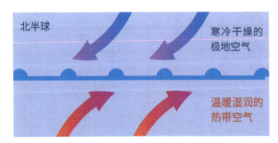

图1a：北半球锋面

图1b：南半球锋面

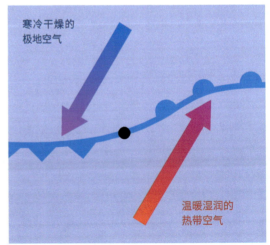

图2：暖锋和冷锋

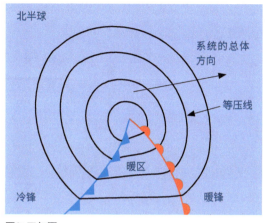
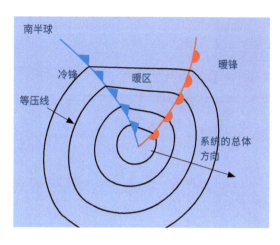

图3:天气图

随着锋面系统的充分形成，通常会向东北或向东移动，围绕低气压中心有一个完整的环流，就像急流边上的小漩涡一样。这可以从气压图中看出，也称为天气图（图3）。

在这里，暖锋和冷锋被表示出来，整个系统的形状由等压线表示出来。这些等压线是第一个预测工具，因为风向通常在向低压中心偏移的方向上偏离等压线 10°～15°。风力强度与等压线间距直接相关（压力梯度：图4）。等压线越近，压力梯度越大，因此风力越强。风向和风力一旦被观测到，接下来就是天气了。其由船上方的空气所决定。

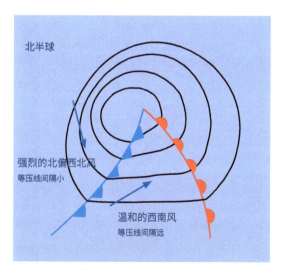
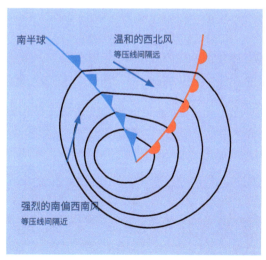

图4:显示压力梯度的等压线是第一预测工具。

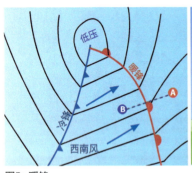
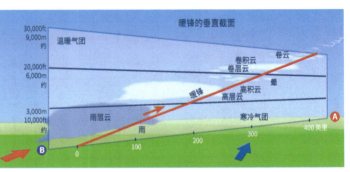

图5：暖锋

随着锋面经过，雨量将达到最大值，能见度将下降。一旦锋面过去，雨就会缓和，能见度会提高，但不会回到锋面之前的样子，因为暖区的气团相对温暖湿润，所以会保持更多的水分，不会那么清晰（图5）。云层以层云或雨层云为主，可能有相当稳定的降雨。风会改变方向，但在强度和方向上都会保持不变。

冷锋和暖锋是截然不同的。由于气团是寒冷干燥的，它无法爬升并越过暖区气团，因此这两个气团之间的所有相互作用发生在几乎相同的垂直面上，有可能形成大量积雨云（图6）。锋面下的情况具有潜在的危险性，积雨云边缘会出现不可预测的狂风。大雨、冰雹和雷暴都是可能发生的。因此，能见度可能会非常低。

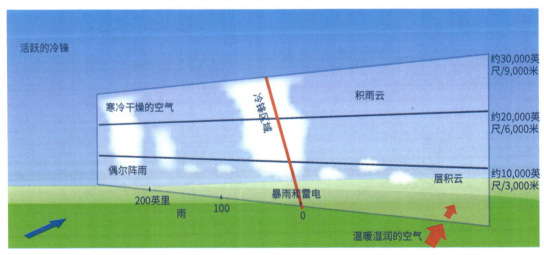

图6：当冷空气和暖空气间温差较大时，沿着冷锋可能会有猛烈的天气变化，伴有阵雨，可能还有冰雹和雷电。

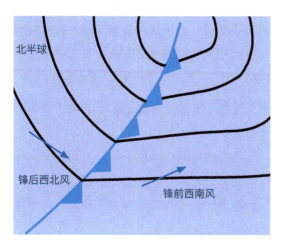

图7a:北半球冷锋

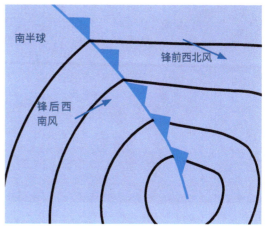

图7b:南半球冷锋

当冷锋过去后,风向会再次改变,天空会立刻放晴。由于空气现在是寒冷、干燥气团的一部分,能见度将非常好,可能会有一些优美的积云(图7)。

由于整个系统变得更加成熟,冷锋将开始在暖锋上爬升,就像拉上拉链一样。

这形成了一个封闭的锋面,并导致暖区的剩余部分被推到之前和之后的冷空气气团的上方,汇合在了一起(图8)。

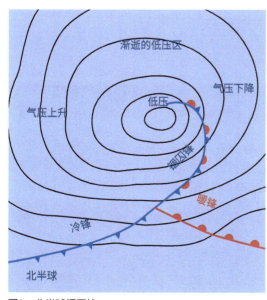

图8a:北半球锢囚锋

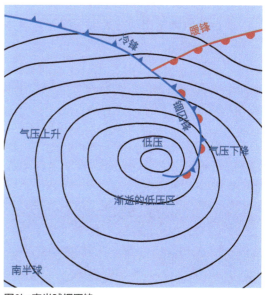

图8b:南半球锢囚锋

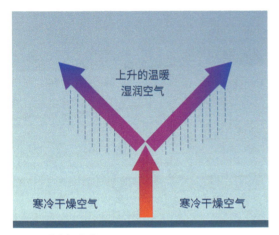

图 9：暖空气上升

当所有温暖潮湿的空气被抬升时，它会冷却，从而导致水分以持续零星的毛毛雨和低云的形式从空气中析出（图 9）。由于这些都发生在锋面系统的末期，因此其通常不是很活跃。

### 高压系统及其与低压系统的相互作用

高压系统通常出现在大面积的海洋水体之上，例如北大西洋高压，又称亚速尔高压。它们不像低压系统那样具有流动性，并且通常只由一个气团组成，因此没有与低压相关的那些锋面。在北半球，它们顺时针旋转（在南半球是逆时针旋转），与低压系统一样也是用等压线表示。

同样的规则也适用于风力和风向——等压线的方向大体上是高压系统周围风的方向，风向偏离中心 10°～ 15°。风力由等压线之间的间距和压力梯度决定。

高压系统可以带来温和的天气，在欧洲水域夏季通常就是这样，法国北部上空的高压中心给欧洲大陆的大部分地区带来了风力较弱、方向不定的风。

然而，如果一个相对静止的高压作为一个强低压的缓冲（图 10），那么系统之间可能会出现非常大的压力梯度，导致南半球出现非常强的风。

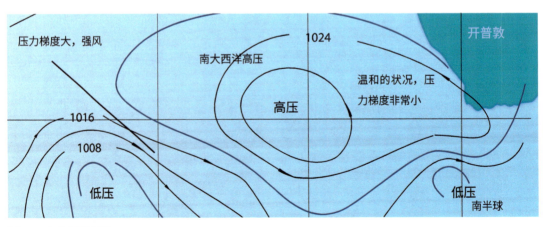

图 10：南大西洋高压

### 雾

雾基本上是海平面云，有两种形成原因。

### 辐射雾或陆生雾

这种情况发生在梯度风不大时，海面温度发生变化或风速下降的情况下。上方有高压系统是一个理想的环境。

白天，岸上和海上的空气都会升温，随着空气升温，水分会被蒸发（图11）。太阳一落山，空气就会冷却，开始以雾的形式释放水分。

雾会聚集在低洼地区，如港口和河谷，偶尔会向陆地上溢出两三英里。当太阳升起时，空气将再次升温，水分将回到悬浮状态，雾将消散——这就是太阳"燃烧"雾的意思。

所以，如果早餐时间能见度不好，风也很小，那么到11点左右，雾消失了，就可以出发了（取决于风）。

空气升温并吸收水分

白天

空气凝结下来，水汽以低雾的形式释放出来

夜晚

图11：辐射雾或陆生雾的形成

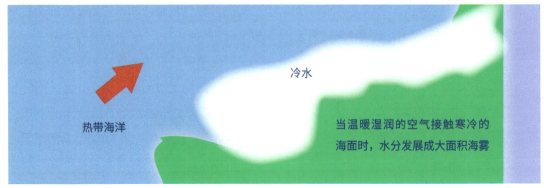

冷水

当温暖湿润的空气接触寒冷的海面时，水分发展成大面积海雾

热带海洋

图12:夜间雾的形成

太阳下山后，空气冷却，释放水分，形成夜间雾（图12）。

### 平流雾或海雾

这是由于相对温暖、湿润的空气吹过冷水造成的。寒冷的海面使海面上的空气冷却，使悬浮的水汽以雾的形式释放出来。这主要发生在春季，冬季过后水温最冷时，热带海洋气团被从温暖的纬度区域推进来（图13）。

这种雾更难消散。风速的增加只会带来更多的湿气，在强风中，海雾仍然存在。由于新的湿气不断被带进来，太阳不能充分加热空气。海雾消散的唯一方式是当湿度、温度或风力发生变化时（图13）。

| 能见度 | |
| --- | --- |
| 好 | 大于5英里(9.25千米) |
| 中 | 2～5 英里 (3.7～9.25千米) |
| 差 | 0.5～2 英里 (1～3.7千米) |
| 雾 | 小于 0.5 英里 (1千米) |

寒冷干燥的极地空气

风向改变

温暖干燥的大陆空气

温暖湿润的空气

风向反偏

图13:平流雾或海雾只有在湿度、温度或风力发生变化时才会消散。

## 气象术语

**气压变化趋势**——气压计每隔三小时的升降变化，是天气变化的早期迹象。

**气旋**——当低气压正在通过一个海域并且很难预测风向变化时，通常用于航运预报的术语。

**低压区**——旋转的锋面系统。

**锋面**——相对温暖、湿润的气团（暖锋）或相对寒冷、干燥的气团（冷锋）的前缘。

**梯度风**——压差引起的风。来自高低压的风，受地球表面旋转的影响，使其在高低压系统周围吹动。等压线越近，风就越大。

**阵风**——上升的热流吸入的快速流动的空气，会持续几分钟。当强雷暴在地面上产生的下降气流加强了下降的上层风时，就会产生强阵风。

**线飑**——一种冷锋，通常以一条低矮的黑云线为标志，它带来短期内风速的急剧上升和风向的强烈变化。

**米氏强风**（译者注：法国南部主要出现于冬季的冷强风）——局部强到烈风。这种特殊的风指的是可预测的坡风，它吹向罗纳河谷，延伸到罗纳河三角洲，进入狮湾。天气预报员通常能在几分钟内预测出它的路径。这种现象在世界许多地方都有发生。以爱琴海的梅尔特米、意大利西海岸和科西嘉岛北部的特拉蒙塔纳或加里格里亚诺，以及西非的哈马坦较为显著。

**低压槽**——锋面低压槽很容易被识别为一条变化的天气线。非锋面低压槽更难捕捉，因为当锋面通过时，气团并没有明显的变化。然而，压力在前面下降，在后面上升，在前面逆转，在后面顺转。低压槽通常紧随冷锋，像车轮的轮辐一样绕着低压区旋转。

**顺偏风和反偏风**——顺偏风往顺时针方向改变，反偏风往逆时针方向移动。

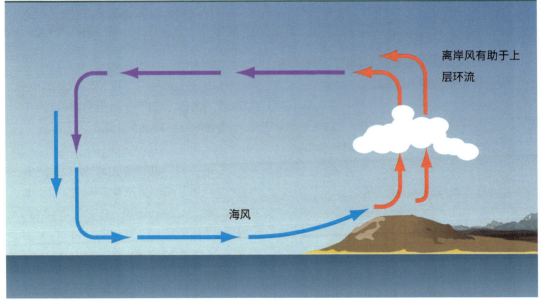

离岸风有助于上层环流

海风

图14:海风循环

### 海风

海风是炎热、温暖的夏日里水手的生命线。它们是由陆地和海洋之间的暖化特征差异造成的（图14）。

陆地的升温速度快于海洋，因此陆地上空的空气升温速度快于海洋上空的空气。这使其膨胀起来并抬升。当空气向上膨胀时，也向外膨胀，并向海洋推进。由于现在陆地上的空气较少，而海洋上的空气较多，陆地上形成了局部低压，海洋上形成了局部高压，从而导致海平面风（海风）开始从海洋吹向陆地。

随着午后时间的推移，陆地上空持续上升的充满水分的空气将导致海岸沿岸形成积云。此外，如果有轻微的离岸高空风，将有助于海风的发展。

### 风影效应和狭管效应

这两种影响完全是局部的，是风所绕过或穿过大障碍物的作用。

任何高的物体，如停泊的货船或大岬角，其背风面都会有一个风影（图15）。根据经验法则，障碍物的风影大约是其高度的6倍。通过观察水面上的涟漪，通常可以看到风影在哪里结束，并据此规划路线。

## 小提示

❶ 清楚自己的极限。

❷ 掌握的天气预报总要比你计划航行时间段的再多出一些。

❸ 谨记将航行目的地和归航时间告知他人。

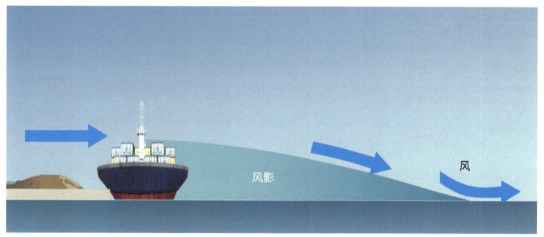

图15：风影效应

当航行在附近有高建筑物的河口和港口时，这些障碍物之间会有狭长的通道，风会在这些地方汇集，形成非常突然和局部的风力增加，并可能发生风向改变（图16）。

同样，通过密切关注由风的特点变化引起的海面波纹的变化，可以得到一些警示。另一个迹象是你前面的帆船在迎风航行时突然严重倾斜，或者在顺风航行时突然失控。

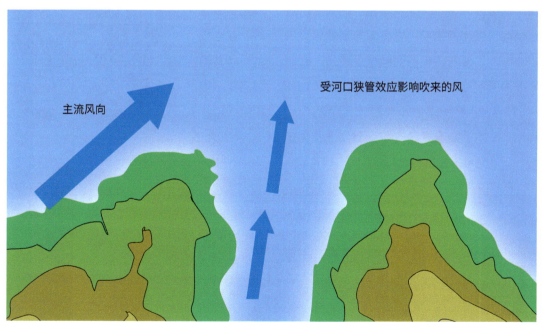

主流风向

受河口狭管效应影响吹来的风

图16：狭管效应

# 导航基础

### 海图

一位熟人曾向我吹嘘，他使用公路地图驾驶动力艇从索伦特（Solent）航行到了格恩西岛（Guernsey）。一定有人在帮助他，特别是在海峡群岛（Channel Islands）布满岩石的海峡里，因为这些危险都不会显露出来。他这样做除了危及自己和船员的生命，他的保险也会失效！

海图目录突出显示了每张海图的范围及其编号。英国水文局为世界各地制作了标准海图。美国国家海洋和大气管理局（NOAA）海岸调查办公室对美国及其领土的沿海水域也采取了同样的措施。也有专为小船设计的小海图，以便在较小的海图桌上使用，还有专业海图制造商生产的其他海图。如果你使用的是在绘图仪或个人电脑上显示的电子海图，一定要随身携带一张纸质海图作为备份——以防电子设备出现故障。

### 海图投影

投影是一种将球面表示为平面图的方法。墨卡托投影通常用于海图，它平行地显示经线。想象一下，一张纸绕着地球，纸面与赤道相切。如果你在地球中心打开一盏明亮的灯，陆地的阴影和经纬度线将投射在这张纸上。墨卡托投影将球体上的恒定方位线转换成海图上的直线。这些线就是所谓的恒向线（等角航线）。

海图必须及时更新。在每周更新的"航海通告"中会有一些小的修正。所有美国发布的海图见 www.nauticalcharts.noaa.gov; 所有英国发布的海图见 www.ukho.gov.uk/nmwebsearch。但做出重大更正时，出版商将会发行一个新版本。电子海图可以在线更新，也可以用光盘更新。引航员手册和航海年历提供了有关港口的详细信息，包括潮位高度、海流、引航记录以及码头和港务局的联系信息，英国东海岸、索伦特、西南各郡、布列塔尼北部和海峡群岛：www.fernhurstbooks.com。天文航海年历：http://asa.usno.navy.mil。

墨卡托投影图给出了最熟悉的海图（上图），其中纬度比例尺"拉伸"到离赤道更远的北方或南方。

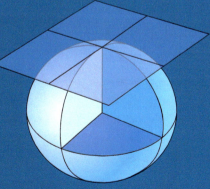

球心投影（右图）是用一张平面图与地球表面某一点相切而形成的。在这种情况下，地球中心的明亮的光投射出了一张图，其中经线是直线，在两极汇合，纬线是弧线，与经线呈直角相交。主要用于极地地区和海洋导航。

### 海图上的标题信息

这些信息非常重要，因为它定义了用于测量的单位，海图上的定位方式，实际海图数据的来源，以及海图标示区域的特定重要信息。

举个例子，让我们看看 2006 年出版的《1400 号海军部海图》，该海图标示的是通往巴拿马北海岸克里斯特巴尔港的外部路径。

**深度**：以米为单位。许多海图仍以英寻（fathoms）和英尺（feet）为单位，所以要记得进行检查。欧洲水域以外的海图通常会使用"平均低低潮面"(MLLW)。这类似于"平均大潮低潮面"(MLWS)，图上会提供一个相应表格。

**高度**：指潮间区域，即并非总是被海水覆盖的海床部分，用绿色标记，高出海图基准线的实际潮间区高度用下画线标示，如右图所示。

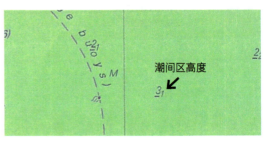

潮间区高度

其他高度，例如灯的高度、桥梁的净空和电力电缆的净空，因图而异。在此例中，它高于平均高高潮面 (MHHW)，在其他海图上是平均大潮高潮面 (MHWS)，在 2004 年以后印制的海图上它可能叫作最高天文潮位 (HAT)。这很重要，需要检查确认。

**位置**：在本例中，该海图是一个世界测地系统图 (WGS84)，因此可以直接在该基准上绘制 GPS 位置。但情况并不总是如此，所以一定要检查一下。

**导航标记**：本例中为 IALA B-"红色右转"

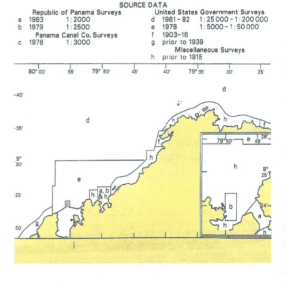

（见第 139 页）。如果美洲是你离开欧洲后的第一个登陆点，这可能会让你大吃一惊。

## SATELLITE-DERIVED POSITIONS

Positions obtained from satellite navigation systems, such as the Global Positioning System (GPS), are normally referred to the World Geodetic System 1984 Datum. Such positions can be plotted directly on this chart.

### POSITIONS: CHARTS 2417, 2145

Positions on larger scale chart 2417 and smaller scale chart 2145 differ from those on this chart by varying amounts. Accordingly, positions should be transferred by bearing and distance from common charted objects and not by latitude and longitude.

## EXPLOSIVES ANCHORAGE
### (9°24′3N, 79°56′8W)

Ships carrying dangerous cargoes are t await instructions from the Port Captai before anchoring.

**其他信息**：每张海图上都会有当地的信息，例如这里有详细的易爆物锚地。如果你没有到过这个地方，一定要仔细阅读。

**投影**：用墨卡托海图可以直接测量方位。

**资料来源**：非常重要。并非所有的调查数据都是最新的，如上图所示。在这里，最新的数据来自 1983 年，有些地区自 1915 年以来就没有调查过，如果底部是珊瑚或沙子，而不是岩石，它可能已经发生了巨大的变化。

### 海图修订

纸质海图必须根据每周发布的航海通告中的变化保持更新（见第 130 页）。海图修订应使用洋红色笔，然后添加到海图的左下角。你还应在船上携带一份海图清单，并将已应用的修订编入目录。

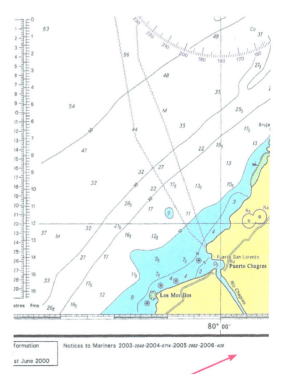

在这里用洋红色笔添加新的海图修订并注明年份。

## 纬度和经度

　　所有经度的子午线都是大圆，这意味着它们正好把地球经两极分成两半。经度的子午线是由格林尼治子午线 [ 现在被称为通用时间系数 (UTC)] 向西和向东各标 180°，这是因为法国人当时支付了测量时间的核钟费用。纬度是从赤道测量的，北纬 90°，南纬 90°；赤道是纬度平行线中最大的大圆。

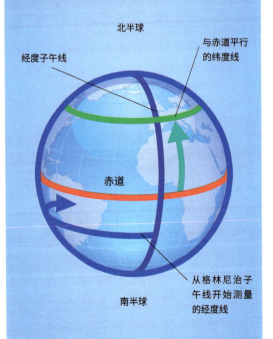

北半球

经度子午线

与赤道平行的纬度线

赤道

从格林尼治子午线开始测量的经度线

南半球

1 度纬度 =60 弧分

1 度纬度 =60 海里

1 分纬度 =1 海里（平均）

1 海里 =1,852 米

1 分纬度 =10 链

1 链 =180 米

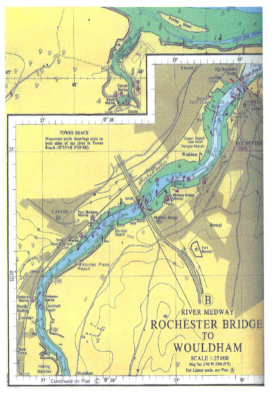

### 读数位置

　　纬度来自垂直轴，即北 / 南，经度来自水平轴，即东 / 西，如上图所示。

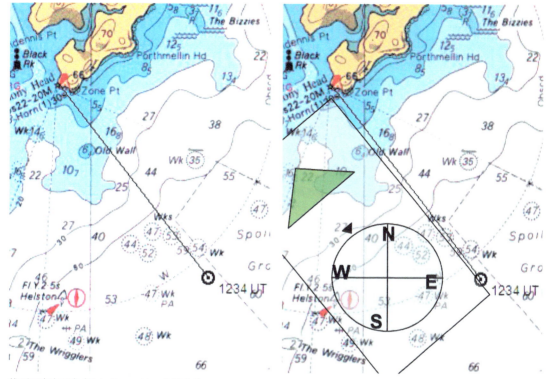

找到圣安东尼角 (St Anthony Head) 的方位

## 在海图上测量航向

这是海图的最基本功能，首先从你出发地的方位画一条线到你目的地的方位。

在这个例子中，如果你在海图上定位 1234 UT，并且想找到圣安东尼灯塔的方位，以便能够在岸上识别它，那么从你的位置到灯塔画一条线。

然后将绘图仪放在海图上，与绘制的线平行，绘图仪主体部分上的大箭头指向灯塔，即沿着定位方向。将绘图仪中心与圆形方位罗盘对齐，使该罗盘上的 N/S 线与图上便捷的 N/S 线对齐，读出方位——在本例中是

322°（真）。

要经常问一下自己，这样做是否有用——在 0230，很容易把 180° 的东西弄出来，但是说 "322°——大致是西北方向——看起来是对的，我知道法尔茅斯 (Falmouth) 大致是这样的"，你可以避免犯很多错误。如果你把它调到 180°，它就会变成 "142°——大概是东南方向——等一下——那是法国的位置！"

## 测量距离

1分纬度是1海里，所以**总是**用**纬度**来测量**距离**。

**第一步：**用你的分规画出要测量的距离，在此例中是 5.5 米深度障碍物和 1 号浮标之间的距离。

**第二步：**将分规保持在相同的宽度（你需要一个足够坚硬的装置来保持设置，但又不要太坚硬以至于你无法移动它），将它们移动到纬度刻度上并测量距离——在本例中是 0.55 海里。

请注意，测量距离时所用的纬度要与第一步测量距离所在的纬度大致相同——由于墨卡托投影是将三维地球投在二维图上，因此比例尺将随着纬度的变化而变化。在 50 英里或以上的海图上试试。

### 电子导航技术

卫星导航系统现在已经广泛应用，并且是大多数帆船的标准配置。最常见的系统是全球定位系统 (GPS)，它可以将你导航到世界任何地方，精确度在几米以内。

每一种仪器装置都有其具体的操作说明，本节讨论的是如何使用仪器中的数据，而不是具体的操作方法。

### 重要提示

**至关重要**的是，你正在使用的海图基数必须与你的 GPS 设备的基数相同（见第 146 页）。如果不一样，就可能发生重大而危险的导航错误。同样，世界上一些最美丽的地方（印度洋、加勒比海和南太平洋岛屿）也有显著的海图数据差异。**始终根据观察和雷达定位来核对近距离 GPS。**

### 基本 GPS 输出及其衍生数据

GPS直接显示测量位置和位置变化路径。基本输出如下：

**位置：** 纬度和经度。

**SOG：** 对地航速。

**COG：** 对地航向。

你可以将航路点输入 GPS 设置，然后在它们之间设置导航路径。

由此衍生出：

**DTG：** 到下一个航路点或航路终点的距离。

**BTW：** 下一个航路点的方位。这可以设置为真极或磁极度数。

**TTG：** 到下一个航路点或航路终点的时间。这通常来自于 DTG（到下一个航路点或航路终点的距离）和 VMG（最佳有效航速），是一个瞬时读数，而不是平均读数。

**XTE：** 与航路点之间理想航路的航迹误差。在左边的屏幕上，航迹误差 XTE 被监测在理想航路的两边。

电子海图上显示的航迹误差。

### 有效利用 GPS 数据

定位有多种方法。很明显，在这张图上有纬度和经度的直接转换，但还有几种更快的方法。

**VMG：** 驶向下一个航路点的最佳有效航速。右图显示，船只的速度实际上只有一部分是直接驶向航路点的。在此例中，风是从航路点的左侧吹来的，所以左舷受风会使你更快地到达航路点。换舷能获得更好的 VMG。在比赛中，这一点应经常被关注，对于巡航来说，这是一个有用的效率指标，正如你有餐厅预订等着你的时候，它是出餐效率的一个指标。

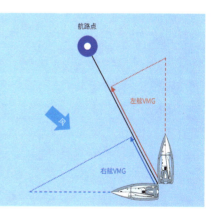

### 到航路点的距离和方位

最近的罗经玫瑰图中心是理想的选择。通过绘制到航路点的方位和距离，你可以只用一条绘图仪测线就得到一个定位——这非常高效且便捷。航路点不一定是你实际要去的点，而是一个为 GPS 系统编程来提供相关数据的航路点。

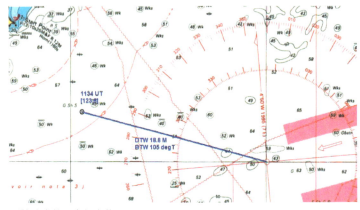

到航路点的距离与方位

### 电子海图

在纸质海图上使用 GPS 数据的逻辑步骤是将其直接输入电子海图，并得到一个连续的最新位置图。这确实很方便，但是保持常规的航海日志记录是非常重要的，因为如果电子技术失效了，你就需要回到纸张海图上的上一个已知点。

电子海图有两种类型——栅格海图和矢量海图。

**栅格海图**（左）是纸质海图的扫描版本，当你放大时，你实际上是移动查看海图的更多细节。如果你放大得太大，图像会模糊。

**矢量海图**（上）有分层的数据——当你放大时，会显示出越来越多的数据。每个单独的特征都有关于它的数据存储在图表中，为您提供了许多有用的引航信息。

## 浮标、灯光及其使用方法

### 灯的特征

灯塔通常是其中最复杂的。灯塔可能具有以下特征：

> Oc.WR.15s.23m.22-20M
> Horn(1)30s

它的意思是明暗光（一种有节奏的光，其中每个周期的光的持续时间比黑暗的持续时间长），有白色和红色部分，每隔15秒重复一次，主灯高出平均大潮高潮面（MHWS）23米，白色灯光在22海里内可见，红色灯光在20海里内可见。在能见度有限的情况下，声号会每30秒鸣响一次。

### 单一危险物标志

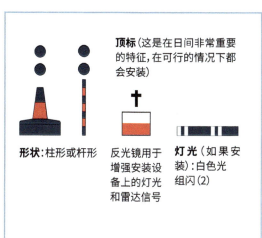

**顶标**（这是在日间非常重要的特征，在可行的情况下都会安装）

**形状**：柱形或杆形

反光镜用于增强安装设备上的灯光和雷达信号

**灯光**（如果安装）：白色光组闪(2)

### 安全水域标志

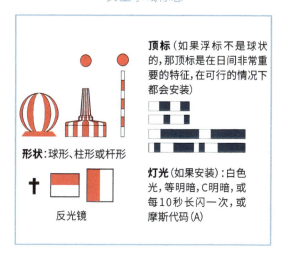

**顶标**（如果浮标不是球状的，那顶标是在日间非常重要的特征，在可行的情况下都会安装）

**形状**：球形、柱形或杆形

反光镜

**灯光**（如果安装）：白色光，等明暗，C明暗，或每10秒长闪一次，或摩斯代码(A)

### 特殊标志

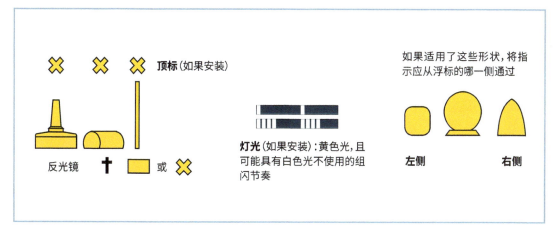

**顶标**（如果安装）

反光镜

**灯光**（如果安装）：黄色光，且可能具有白色光不使用的组闪节奏

如果适用了这些形状，将指示应从浮标的哪一侧通过

**左侧**　　**右侧**

| 灯标上的灯光特征—> IQ | | | |
|---|---|---|---|
| **缩写** | | **灯光类型** | **周期图示** |
| 国际(缩写) | 国家(缩写) | | |
| | | 固定 | |
| **明暗灯(灯光亮起的总持续时间比灯光熄灭的总持续时间长)** | | | |
| Oc | Occ | 单明暗灯 | |
| Oc(2) | GpOcc(2) | 组群明暗灯 | |
| Oc(2+3) | GpOcc(2+3) | 复合组群明暗灯 | |
| **等明暗灯 (灯光和灯光熄灭的持续时间相等)** | | | |
| Iso | Isophase | | |
| **闪灯 (灯光亮起的总持续时间比灯光熄灭的总持续时间短)** | | | |
| Fl | | 单闪灯 | |
| Fl(3) | GpFl(3) | 组群闪灯 | |
| Fl(2+1) | GpFl(2+1) | 复合组群闪灯 | |
| L Fl | | 长闪灯 | |
| **急闪灯 (重复频率为50到79次,通常为每分钟闪烁50或60次)** | | | |
| Q | QkFl | 连续急闪灯 | |
| Q(3) | QkFl(3) | 组群急闪灯 | |
| IQ | IntQkFl | 间断急闪灯 | |
| **甚急闪灯 (重复率为每分钟80到159次,通常为每分钟闪烁100或120次)** | | | |
| VQ | VQkFl | 连续甚急闪灯 | |
| VQ(3) | VQkFl(3) | 组群甚急闪灯 | |
| IVQ | IntVkFl | 间断甚急闪灯 | |
| **极急闪灯 (每分钟重复频率为160次或以上,通常为每分钟闪烁240至300次)** | | | |
| UQ | | 连续极急闪灯 | |
| IUQ | | 组群极急闪灯 | |
| Mo(K) | | 摩斯代码 | |
| FFl | | 固定闪灯光 | |
| Al.WR | Alt.Wr | 可变灯光 | |

## 地区A

这是一幅示意图，尤其是柱形浮标，其特征会随所用浮标的个别设计而有所不同。

**左舷**
颜色：红色。
形状：罐、柱或杆形。
顶标（如果安装）：单个红色罐形。
反光镜：红色带状或方形。

**右舷**
颜色：绿色。
形状：罐、柱或杆形。
顶标（如果安装）：单个绿色罐形。
反光镜：绿色带状或方形。

浮标的方向

灯光，如已安装，可以使用除了用在指示优选航道的改良后的横向标志上的复合群组闪光 (2+I) 外的其他任何节奏的灯光。例如：

| O.R(红色) | | 连续快闪灯 | | O.G(绿色) |
| Fl.R | | 单闪灯 | | Fl.G |
| LFl.R | | 长闪灯 | | LFl.G |
| Fl(2)R | | 组群闪灯 | | Fl(2)G |

红色或绿色的侧边颜色常用于次要的海岸灯，例如标记码头头尾的灯。

**右舷优选航道**
颜色：红色，并有一条宽的绿色带。
形状：罐、柱或杆形。
顶标（如果安装）：单个红色罐形。
反光镜：红色带状或方形。

**左舷优选航道**
颜色：绿色，并有一条宽的红色带。
形状：罐、柱或杆形。
顶标（如果安装）：单个绿色锥形，指向上方。
反光镜：绿色带状或三角形。

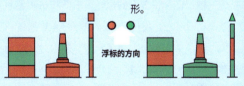

浮标的方向

| Fl(2+1)R (红色) | 复合组群闪灯 (2+I) | Fl(2+1)G (绿色) |

如果左舷或右舷标志不以罐形或圆锥形浮标的形状来识别，则在切实可行的情况下，可采用适当的顶标或字母标记，编号或字母应遵循传统的浮标方向。特殊标志，有罐形和锥形，但需漆成黄色，可与标准的横向标志一起用于特殊类型的航道。

## 地区B

这是一幅示意图，尤其是柱形浮标，其特征会随所用浮标的个别设计而有所不同。

**左舷**
颜色：绿色。
形状：罐、柱或杆形。
顶标（如果安装）：单个绿色罐形。
反光镜：绿色带状或方形。

**右舷**
颜色：红色。
形状：罐、柱或杆形。
顶标（如果安装）：单个红色罐形标。
反光镜：红色带状或方形。

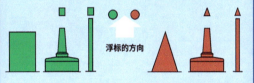

浮标的方向

灯光，如已安装，可以使用除了用在指示优选航道的改良后的横向标志上的复合群组闪光 (2+I) 外的其他任何节奏的灯光。例如：

| O.G(绿色) | | 连续快闪灯 | | O.R(红色) |
| Fl.G | | 单闪灯 | | Fl.R |
| LFl.G | | 长闪灯 | | LFl.R |
| Fl(2)G | | 组群闪灯 | | Fl(2)R |

红色或绿色的侧边颜色常用于次要的海岸灯，例如标记码头头尾的灯。

**右舷优选航道**
颜色：绿色，并有一条宽的红色带。
形状：罐、柱或杆形。
顶标（如果安装）：单个绿色罐形。
反光镜：绿色带状或方形。

**左舷优选航道**
颜色：红色，并有一条宽的绿色带。
形状：罐、柱或杆形。
顶标（如果安装）：单个红色锥形，指向下方。
反光镜：红色带状或三角形。

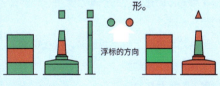

浮标的方向

| Fl(2+1)G (绿色) | 复合组群闪灯 (2+I) | Fl(2+1)R (红色) |

如果左舷或右舷标志不以罐形或圆锥形浮标的形状来识别，则在切实可行的情况下，可采用适当的顶标或字母标记，编号或字母应遵循传统的浮标方向。特殊标志，有罐形和锥形，但需漆成黄色，可与标准的横向标志一起用于特殊类型的航道。

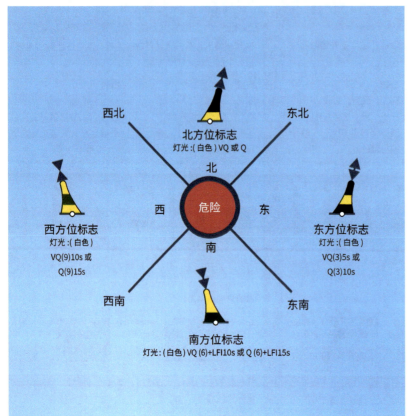

西北　东北

北方位标志
灯光:(白色)VQ 或 Q

北

西　危险　东

南

西方位标志
灯光:(白色)
VQ(9)10s 或
Q(9)15s

东方位标志
灯光:(白色)
VQ(3)5s 或
Q(3)10s

西南　东南

南方位标志
灯光:(白色)VQ (6)+LFl10s 或 Q (6)+LFl15s

**方位标志** 是用来告诉你从哪边躲避危险的。例如,为了安全,要待在北方位标志以北。

---

## 浮标方向

　　浮标的方向在海图的不同位置用一个洋红色的箭头表示。

　　当从陆地形状上看不明显时,这就定义了哪一侧是左舷的横向标记,哪一侧是右舷的。

　　海图和你解释IALA-A 和 B 区域浮标的方式之间的关系如图所示。

浮标方向

## 浮标

　　根据你在世界上的位置,横向标记,即左舷和右舷标志,将是 **IALA-A** 或 **IALA-B** 系统。

　　IALA-A 被欧洲、澳大利亚、新西兰、非洲部分地区和除菲律宾、日本和韩国之外的大部分亚洲国家使用。

　　IALA-B 被北美、中美洲和南美洲、菲律宾、日本和韩国等国家使用。

IALA-A 地区的浮标

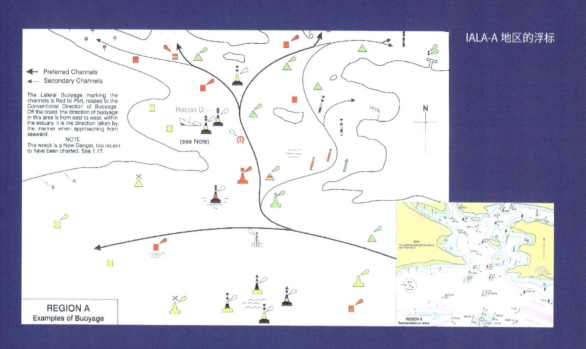

IALA-B 地区的浮标

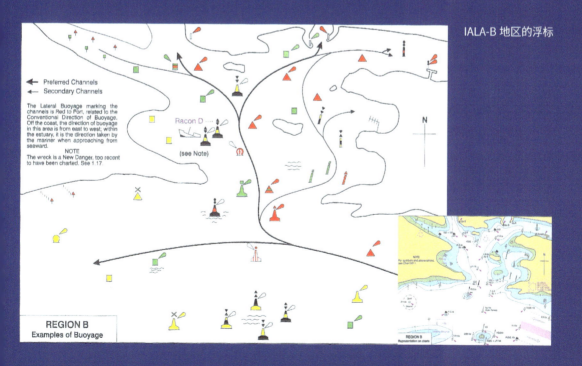

### 罗经修正

磁罗经指向磁北极，但必须考虑一定的误差。这是由于磁差（全球范围内的影响）和罗差（每艘船特有的影响）造成的。

#### 磁差

早期的航海者认为任何指南针都指向北极，直到十九世纪初航海者才发现有两个北极。磁北极就在加拿大境外（2019 年，86.5° N，175.3° W 向西北方向移动）。真北极和磁北极之间的夹角必须精确地计算出来。这种校正角称为磁差。

南磁极在大约 64° S，136° E 有相似的变化，所以如果变化是向西的，那么你的指南针指向真极的西边。

在海图上，磁场的大小和时间变化用罗经盘刻度表示。在给定年份（本例中为 2007 年），外圈与正北对齐，内圈与磁北对齐。要计算任何给定年份（例如 2009 年）的变化，你需要按照如下方式：

12° 00'W，2007 (10'E) 表明，2007 年的磁差正好是向西 12°，每年减少 10'，也就是向东移动 10'。

2007 年的磁差 = 12° 00'W

年变化 = 10'E

2 年的（变化）值 = 20'E

2009 年的磁差 = 11° 40'W

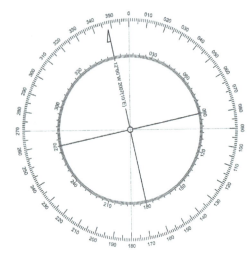

罗经盘刻度显示的磁北极。

若帆船使用，可四舍五入到度。

#### 罗差

这是由铁元素引起的，比如发动机，会导致每个罗经附近磁场的局部扭曲。由于金属物体和罗经在磁场中的相对位置发生变化，这种影响也随着船只的航向而变化。对罗经进行检查校准是一个好的做法（对于商业经营的船是强制性的），必要时每年由具有资质的罗经调节师对罗经进行调整。这就是所谓的校准罗经，通常校准用时不超过几个小时。

图片显示了罗差如何随航向而变化，以及罗差卡或罗盘卡的正弦曲线。一个好的指南针调节师可以把偏差调至几度以下。

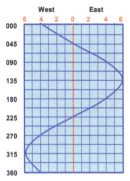

| Ship's Head Compass (°C) | Deviation | Ship's Head Magnetic (°M) |
|---|---|---|
| 000 | 4W | 356 |
| 022.5 | 2W | 020.5 |
| 045 | 0 | 045 |
| 067.5 | 2E | 069.5 |
| 090 | 4E | 094 |
| 112.5 | 5E | 117.5 |
| 135 | 6E | 141 |
| 157.5 | 5E | 162.5 |
| 180 | 4E | 184 |
| 202.5 | 2E | 204.5 |
| 225 | 0 | 225 |
| 247.5 | 2W | 245.5 |
| 270 | 4W | 266 |
| 292.5 | 5W | 287.5 |
| 315 | 6W | 309 |
| 337.5 | 5W | 332.5 |
| 360 | 4W | 356 |

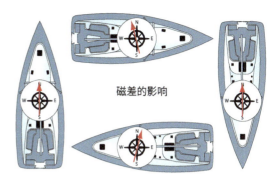

磁差的影响

每条船的磁差度数都是不同的,并且会随着航向的不同而变化。因此需要罗差卡来校正罗经读数。

## 应用罗经校正

罗经航向的类型有三种:

**真北:** 对应真北极——在海图上用这个进行测量。

**磁北:** 对应磁北极——如果你的船上没有铁制品,这就是你的罗经由于磁差影响所显示的度数。

**罗经度数:** 这是你的罗经在磁差和罗差作用下的实际读数。

有两个帮助记忆的口诀:

TAWC: True Add West going towards Compass 真加西指向罗经

CADET: Compass Add East going towards True 罗经加东指向真

重要——请始终注意你在使用正确的"度",注明°T、°M 或者°C——这将避免潜在危险的误解。

真方位
调整磁差
磁方位
调整罗差
罗经方位

-W +E
+W -E

船长总是使用°C 罗经度数。将度数从罗经度数°C 转换成真度数°T 是导航仪的任务,反之亦然,但电子海图可以使用两种模式中的任何一种自动测量。

谁使用磁度数°M 呢?是任何使用手持罗经测量方位的人。由于不是在船上的固定位置使用,无法制定罗差卡,所以要注意尽量在船上没有铁金属的区域测定方位。

## 罗经航向示例

凌晨 2 点 30 分,狂风大作,你感觉到晕船,这时有可以依赖的方法是非常重要的。假设你想驶往真 120°(120° T),现在是 2009 年,你的偏差卡如上图所示。

电子海图绘图仪解决了这些罗经转换带来的麻烦,但与任何计算机一样,垃圾输入便会转换成垃圾输出。重要的是要知道如何手动转换真方位和磁方位,以便应对电子设备反常的尴尬处境。

以下就是计算方式:

| 真 ➡ | 磁差 ➡ | 磁 ➡ | 罗差 ➡ | 罗经 |
|---|---|---|---|---|
| 120°T | 12°W | 132°M | 6°E | 126°C |

你让舵手转向 126°C, 他回答: "风摆了, 我只能转到 115°C。" 你需要把它转换成°T 以便查看此值是否安全, 并围绕它进行规划。使用相同的方式, 只是从另一端开始——这会使方法变得复杂。

| 真 ⬅ | 磁差 ⬅ | 磁 ⬅ | 罗差 ⬅ | 罗经 |
|---|---|---|---|---|
| 108°T | 12°W | 120°M | 5°E | 115°C |

假设不涉及偏航, 现在可以将其绘制到海图上, 并据此做出决定。

过了一会儿, 你决定将方位转向灯塔去检查你的方向, 也就是 050° M。这是用手持罗经完成的, 因此是磁度° M。像之前一样进行计算:

| 真 ⬅ | 磁差 ⬅ | 磁 ⬅ | 罗差 ⬅ | 罗经 |
|---|---|---|---|---|
| 038°T | 12°W | 050°M | | |

038° T 的真方位现在可以绘制到海图上了。

### 检查你的罗经

做一个非正式的罗盘检查是很容易的, 把你的船与一个已知的可见参照物对齐, 例如一组标志着港口入口的导航灯。最好能定期这么做, 因为他能给你信心, 并且是一个检查标准, 以确保没有人做过像是在驾驶舱内罗经旁边的储物柜中放置工具箱的傻事。

在此例中, 引领标志的方位是直接可以从图中测量到的 305° T。罗经航向是 308° C,

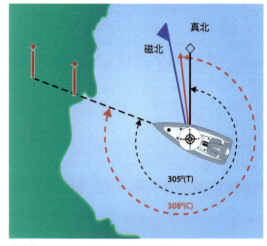

检查你的罗经确保与参照物连线对齐。

是船对齐参照物时罗经直接读取到的数值; 磁差是 12° W, 根据海图上的罗经盘计算得出。按照前面的示例, 所有这些都将录入到日志中。

| 真 ➡ | 磁差 ➡ | 磁 ➡ | 罗差 ➡ | 罗经 |
|---|---|---|---|---|
| 305°T | 12°W | 317°M | 9°E | 308°C |

罗差值是该航向° M 和° C 之间的差值, 本例中为

317° M – 308° C = 9° E 的罗差

将此与罗差卡进行比较, 航向应为 6° W 左右。

### 定位

要想成为一名成功的导航员, 你必须时刻回答这两个问题: "我们在哪里?" "我们要去哪里?" 并把这个和你去过的地方比较一下。

## 一般定位

　　定位是海图上两条或多条**位置线**相交而"固定"的位置，顾名思义，这意味着你在这条线上的某个地方。位置线相交的角度称为**交角**。

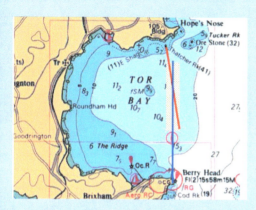

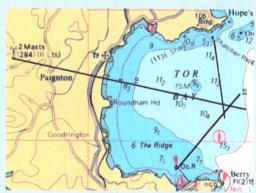

　　通过对撒切尔岩石（Thatcher Rock）和贝里海角（Berry Head）的方位测量，导航员做了一个非常糟糕的定位，因为交角角度接近180°，所以仅仅几度误差（移动中的小型船很容易出现这种情况）就带来了很大的不确定性（如散列区域所示）。

　　这使得两条位置线之间交角的角度更好，并且通过添加第三条位置线，精确度进一步提高。

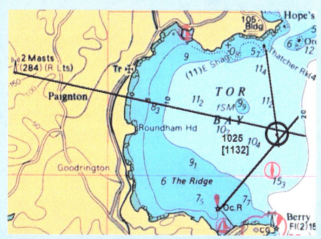

　　**定位本身**被绘制成一个圆圈中间有一个点作为定位点，每个**定位点**旁边必须有一个**时间**和一条**计程仪读数**。计程仪读数放在括号中以区分它和时间——在本例中，两者很容易混淆。你应该估算出"船位误差三角形"（各位置线的交点）中最接近危险的定位点，以尽可能地保证安全。

### 卫星导航系统定位

GPS 卫星导航系统如今是导航系统的一个组成部分。必须明智地看待它们，因为对于所有依赖于软件算法的系统，它们的好坏取决于输入的数据。下面是一些你需要注意的系统设置：

**海图基准**：你的 GPS 基准应与你绘制位置所用的海图的基准相同。

**测量单位**：检查您的 GPS 是否设置为以海里、节和真北这些选项。

**电源**：如果是手持式的，一定要备有足够的电池！

**天线设置**：确保符合制造商的建议，并且电线（如果有）是固定好的。GPS 信号问题通常是由于电线 / 天线安装错误或退化引起的。

海图上GPS绘制的纬度和经度。

一旦仪器设置正确，就可以获取纬度和经度，并将它们直接标注到海图上。在本例中，GPS 位置为北纬 50° 58.6'，东经 001° 10.7'。

### 航路点网格

绘制它很耗费时间，但很适合高速导航。

通过绘制相对于 GPS 编程设定的航路点的网格，可以非常快速地进行定位。

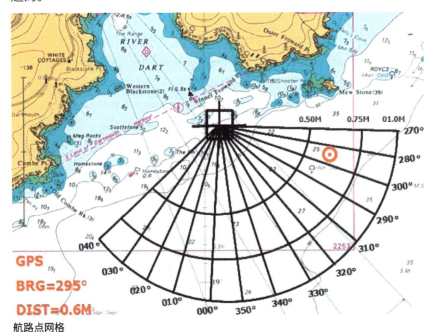

GPS
BRG=295°
DIST=0.6M

航路点网格

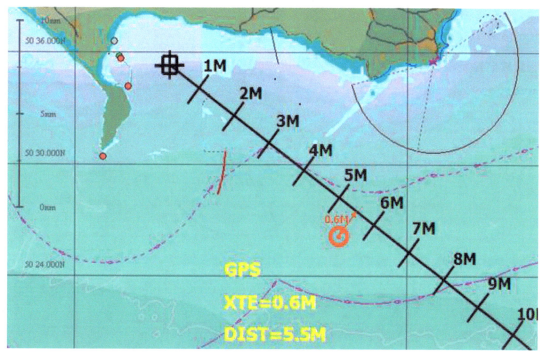

电子海图上显示的航迹误差。

### 航迹误差梯度线

输入两个航路点，通过到目标航路点的距离及离开理想航路的航迹误差来绘制你的位置。

## 电子引航技术

### 安全方位

航路点上的 255°T 安全方位使你远离 Mew Stone 和其他近海岩石。只要到航路点的方位角大于 255°T，你就位于这条线的南边，就是安全的。

安全方位。

### 安全距离

把危险处设置成航路点，并监控到该航路点的距离，你就可以轻松地保持安全距离。

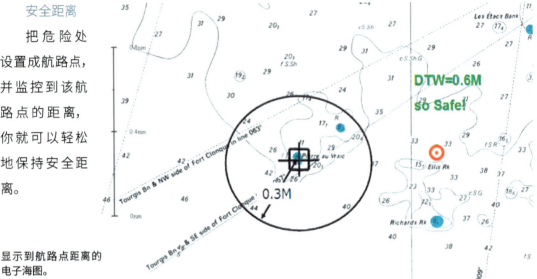

DTW=0.6M
so Safe!

0.3M

显示到航路点距离的电子海图。

### 航迹误差

通过设置"不可航行区（no go）"来限制理想航路的两侧通行，你可以使用XTE来检查你是否偏向了一侧。

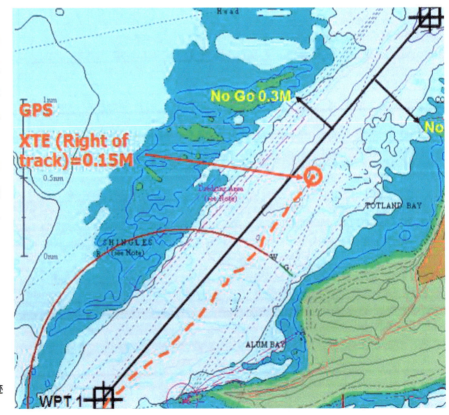

GPS
XTE (Right of track)=0.15M

No Go 0.3M

WPT 1

电子海图上的航迹误差。

### GPS 在航道导航中的应用

正确输入所有的航路点是非常重要的，因为一个输入错误可能会导致严重的后果。当你在周末旅行，距离航路点 12,000 海里时，大的错误 (50°南而不是 50°北 ) 是非常明显的，你会注意到它，但相对较小的错误却更为隐蔽，会使你在行进方向上有 15°～ 20°的偏差。

在规划航线时，每个航路点的纬度和经度必须完全准确地输入。检查这一点的最佳方法是将 GPS 计算出的航路点之间的距离和方位与最初计划在海图上测量的距离和方位进行比较。如果一切正常，它们将分别对应零点几英里和几度——如果不正常，就检查 GPS 上的航路点！

### 目测定位

结合罗经方位、参照物和测深仪进行定位。在详细讨论之前，有必要看看哪些物体是好的参照物。

突出的固定标志，如灯塔、灯柱、教堂尖顶和岬角都是很好的标志，因为它们不移动，而且很容易被识别。

在繁忙的商业航道上，主要的导航浮标，如主标志和横向标志也很好，因为它们不太可能移动。在高潮差区域，应格外小心，因为它们的系泊链允许在低水位处出现显著的横向漂移。

小的导航标志，如黄色的竞赛浮标和小的横向标志可能是不正确的，它们的灯可能不亮，或者它们可能根本就不在原来的位置上。

> 此外，务必确保你的海图是最新版！

### 三点定位

在下面的例子中，你用手持式磁罗经测量了一组方位：

天线杆: 270° M; 水塔: 350° M; 教堂尖顶: 050° M。

磁差计算为 3° W。

将其转换为° T 以在图上表示。记住记忆口诀，TAWC 或者 CADET 来决定是加上还是减去磁差。

| 真 ⬅ | 磁差 ⬅ | 磁 ⬅ | 罗差 ⬅ | 罗经 |
|---|---|---|---|---|
| 267°T | 3°W | 270°M | - | - |
| 347°T | 3°W | 350°M | - | - |
| 047°T | 3°W | 050°M | - | - |

用手持罗经测量方位。

除非条件是完美的，否则你应该标记一个"船位误差三角形"，它有效地定义了定位的潜在错误。最谨慎的做法是把最靠近危险点的位置进行定位。参考三个方位可以更好地控制视觉误差。

南塔开特（Nantucket）的导标。

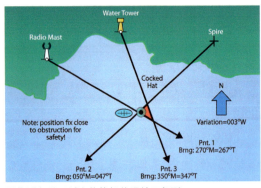

最靠近危险区域定位的船位误差三角形。

### 参照物定位

这个方法非常有用。参照物连线就是穿过两个固定物体的线，例如一组导航灯，一个在另一个的后面，如上图所示，南塔开特（Nantucket）的导标。当这些都连起来，**后面的总是最高的**，你位于参照物连线上，在海图上做好标记。

同样有用的是"自然"参照物连线，即两个海图上的特定物体排成一行，你可以直接在图上画出连线。可以是两个岬角成一条线，或者是一个教堂的尖顶与一个固定的柱子成一条直线。

在此例中，英国夏令时间 BST 14：52，计程仪读数 45.8 海里，勒斯蒂夫（Le Stiff）灯塔与大信标（Men Korn）排成一行，形成

一条自然参照物连线作为位置线。如果你能辨别这两个物体，就不需要确定方位；你只需要在图上画一条线贯穿这两个物体。同时，在大信标 Les Trois Pierres 处用手持罗经以 188° M 确定方位。前面计算过的磁差是 7° W。

| 真 ← | 磁差 ← | 磁 ← | 罗差 ← | 罗经 |
|------|--------|------|--------|------|
| 181°T | 7°W | 188°M | | |

这可以如图所示进行绘制，与每次定位一样，在图上写好时间和计程仪读数。

使用自然参照物连线和方位来定位。

### 使用等深线

位置线不一定是直线，它们只是用来检查你的位置的线。等深线通常也可以做到这一点。从航海角度来看，避免使用经过孤立岩石附近或是陡峭浅滩部分的等深线，因为这些几乎没有误差余地。从托尔湾（Tor Bay）来看，海湾南部和西部的10米等深线是理想的，但沿着北岸，等深线非常接近一些岩石和一块不确定区域（虚线等深线），因此不利于安全航行。

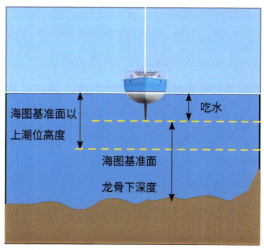

计算龙骨下深度。

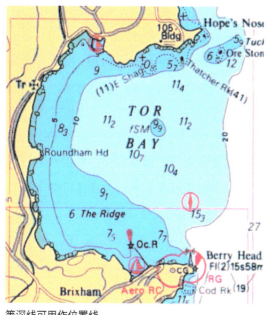

等深线可用作位置线。

这项技术需要你知道两件事——潮高和回声测深仪的偏移量。很多人喜欢将龙骨触底时的深度设置为读数零——这是完全合理的，但也意味着你不能直接从回声测深仪读取水深。

假设回声测深仪在龙骨底部读数设为零，则某一等深线上的实际水深计算如下：

算出潮高，然后：

**等深线实际水深** ＝ 等深线水深＋潮高

**回声测深仪等深线读数** ＝ 实际水深－吃水

此例显示了如何将等深线与方位结合以提供合理定位。

### 雷达探测距离定位

如果你有雷达，它提供了可以比三点视觉定位更快更准确的另一种定位方法。小型帆船雷达非常适合探测距离，但不擅长测量方位。此外，雷达探测距离需要可识别的特征，因此具有独特形状的岬角和陡峭的悬崖是理想的特征，而逐渐倾斜的海滩不是，因为它们无法清晰反映雷达信号。

一个简单的方法是用雷达测量到某个特征点的距离，然后用手持罗经进行方位测量。将其转换为真极度数，你就可以绘制出此方位，用一套绘图圆规测量出到雷达特征点的距离，它们的交点就是你的定位。

这个例子显示了贝里海角（Berry Head）的陡峭悬崖的雷达探测距离和在防浪堤末端测得的罗经方向。这是位置线不是直线的另一个例子。

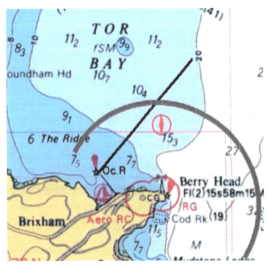

使用雷达探测距离来获取定位。

明智的导航员将使用一系列导航辅助设备，包括 GPS、测深仪、罗经和雷达，来绘制定位并跟踪航向。姐妹出版物《基本船只雷达》[*Essential Boat Radar* 比尔·约翰逊（Bill Johnson）著] 对此进行全面概述。

### 潮汐流的计算

### 潮汐流图册

这些是潮汐流数据最直观的来源，并且在大多数情况下都是很好的来源，能够很好地显示涡流和逆流。每个潮汐流地图册涵盖了一个特定的地区，例如海军部出版物 NP264（Admiralty Publication NP264），海峡群岛（The Channel Islands）和法国的邻近海岸 (Adjacent Coasts of France)。从高潮前 6 小时到高潮后 6 小时，每小时的潮汐有一个单独的页面。高潮参考点是多佛（Dover）。**仔细检查哪个港口是参考港口**是很重要的，因为每个地图册都不一样，甚至可能不在地图册覆盖的区域上，如本例所示。

例如，如果我们想知道在 2009 年 2 月 7 日 ( 星期六 )0900UT 之后，格恩西岛（Guernsey）和赫姆岛 (Herm) 之间的小拉塞尔 (Little Russel) 的潮汐情况，我们首先需要知道我们与多佛高潮的相对位置。多佛当日的潮汐资料如下：

| 2009年2月7日 星期六 多佛 | LW | 0342 UT | 1.69m |
|---|---|---|---|
| | HW | 0855 UT | 5.91m |
| | LW | 1624 UT | 1.51m |

从 HW（高潮）页开始，用铅笔在顶部写上多佛高潮的时间 (0855 UT)。本页的有效时间为多佛高潮的前 30 分钟至高潮后 30 分钟，即 0825UT 到 0925UT。在"多佛高潮之后 1 小时"页写上多佛高潮 +1 的时间 (0955UT)。本页的有效时间为 0925UT 至 1025UT，这个时间是多佛高潮页开始后的 2 小时。继续这个过程，直到完成计划航程的全部时间。

顶部图适用于 0900 的小拉塞尔 (Little Russel)，潮汐用箭头表示。这些数字以 1/10 节分别表示平均小潮和平均大潮的速率，即小潮为 1.7 节，大潮为 4.0 节。

在每个潮流图册（或当地年鉴）的前面是一个速率计算表（见下页），当不在大潮或小潮时，它使你能够计算出潮汐流速。基本原理是：当天的潮差越大（沿垂直轴），流速就越大（沿水平地图册），因为在高潮和低潮之间有更多的水同时流入和流出。

表中显示了大潮和小潮

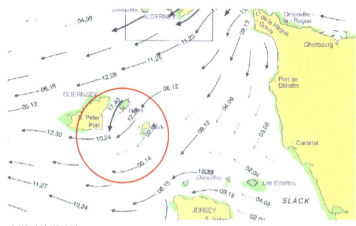

高潮时的潮汐流。

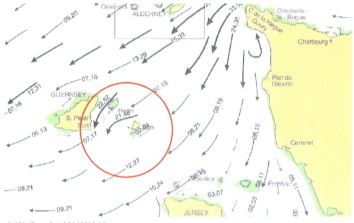

高潮后一小时的潮汐流。

的范围，在这些（虚线）线上绘制了速率（此图：小潮 1.7，大潮 4.0)。用一条线（蓝色）将这些点连接起来。

在我们的例子中，在 2009 年 2 月 7 日（星期六）早上的多佛，**潮汐范围 = 高潮（HW）− 低潮（LW）= 5.91 米 − 1.51 米 = 4.4 米**。从 4.4m( 绿色 ) 划一条线到蓝色线，然后向下（或向上）到水平速率轴。因此，插入的**速度**是 2.6 节，**方向**直接取自箭头。记住——这**只适用于每一页所涵盖的时间**，你需要找到对应正确时间的正确页面。

（在绘制蓝线时，请将其延伸至小潮和大潮点之后——这些是平均值，并且如果你遇到大潮的高潮或小潮的低潮，则需要高于或低于这些点。）

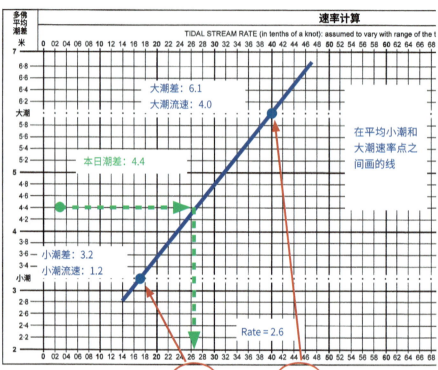

图：小潮流速：1.7kts　大潮流速：4.0kts

## 潮汐菱形

这些是潮汐数据的另一种表示形式，在海图上指示为洋红色菱形，以提供特定点的潮流数据。

这个例子来自海军部海图编号 5606.1（Admiralty Chart Number 5606.1），北海南部（Southern North Sea）和多佛海峡（Dover Strait）。参考港是多佛。每一列都是特定的菱形，并给出它的纬度和经度——例如菱形 A 的纬度为 50° 56.2'N，经度为 1° 16.7'E。

## TIDAL INFORMATION

**5606·1** Tidal Streams referred to HW at DOVER

| Hours | | Geographical Position | 50°56·2'N 1 16·7 E | | 50°59·9 N 1 34·0 E | | 51°26'0 N 1 38·9 E | | 51 1 |
|---|---|---|---|---|---|---|---|---|---|
| Before High Water | 6 | | 233 | 2·2 1·2 | 260 | 1·8 1·2 | 137 | 0·5 0·3 | 231 |
| | 5 | | 232 | 2·5 1·4 | 260 | 2·6 1·8 | 164 | 1·1 0·6 | 218 |
| | 4 | | 233 | 2·1 1·2 | 260 | 2·9 2·0 | 173 | 1·6 0·9 | 213 |
| | 3 | | 232 | 0·9 0·5 | 260 | 2·7 1·9 | 189 | 1·9 1·1 | 206 |
| | 2 | | 050 | 0·4 0·2 | 270 | 1·2 0·8 | 201 | 1·5 0·8 | 207 |
| | 1 | | 052 | 1·2 0·7 | 035 | 0·8 0·5 | 240 | 0·7 0·4 | 053 |
| High Water | | | 058 | 2·6 1·5 | 060 | 1·7 1·1 | 328 | 1·0 0·5 | 040 |
| After High Water | 1 | | 052 | 2·3 1·3 | 060 | 2·5 1·7 | 353 | 1·5 0·8 | 035 |
| | 2 | | 052 | 1·8 1·0 | 060 | 2·6 1·8 | 004 | 1·6 0·8 | 040 |
| | 3 | | 055 | 1·0 0·6 | 060 | 1·9 1·3 | 016 | 1·3 0·7 | 030 |
| | 4 | | | 0·0 0·0 | 053 | 0·8 0·5 | 026 | 1·0 0·5 | 023 |
| | 5 | | 232 | 0·8 0·4 | 277 | 0·5 0·6 | 044 | 0·6 0·3 | 345 |
| | 6 | | 232 | 1·8 1·0 | 260 | 1·9 1·3 | 107 | 0·3 0·2 | 246 |

Directions of streams (degrees)
Rates at spring tides (knots)
Rates at neap tides (knots)

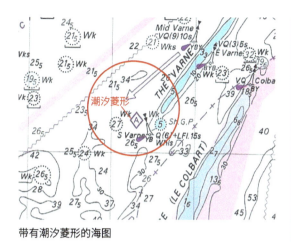

带有潮汐菱形的海图

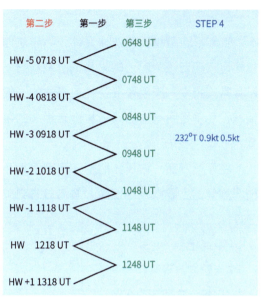

当我们想知道 2009 年 2 月 11 日星期三 0930UT 菱形 A 的潮汐情况时,我们需要参考从年鉴中获得的多佛的潮汐情况。

| 2009年2月11日,星期三 多佛 | LW 0733 UT | 0.46m |
|---|---|---|
| | HW 1218 UT | 6.74m |
| | LW 1959 UT | 0.65m |

组织是关键,因为时间上相差 1 小时,情况就会完全不一样。开始的时候,先看看你处于高潮之前还是之后。在本例中,是在高潮之前。

**第一步**:在页面上做一个锯齿形阶梯,每个都要由两条线画成完整的锯齿形。

**第二步**:从高潮时间开始向下,写下 HW -1、-2、-3 等的时间,直到你明确地超过了所需的时间为止。

**第三步**:在锯齿形的另一边,写上每一个潮汐周期的开始和结束时间,即这一周期之前和之后的 30 分钟。

**第四步**:查看潮汐周期的开始和结束时间,并确定对应的时间段——在这种情况下,0930 UT 是 HW-3,从 0848 UT 到 0948UT。潮汐菱形表显示,菱形 A 在 HW-3 处的潮汐是 232° T,平均大潮流速为 0.9 节,平均小潮流速为 0.5 节。

现在,你所需要做的就是像以前一样返回到速率计算表(第 154 页),在大潮和小潮之间进行插值计算。

**跟踪进度**

为了更好地掌握自己的位置,记录所有信息是非常重要的,以便能够从最后一个已知点、最后一次定位来重构海图上的轨迹。

### 航海日志

航海日志是重要的法律文件。除导航信息外，它还记录了船上的人员信息及身份、所有常规指令、天气预报及任何事故的详细情况；几乎是所有与船只日常运转相关的事宜。

在导航方面，它是你把船开到哪里以及情况如何的主要数据存储库。航海日志记录应有：

- 准点地；
- 当航向改变时；
- 甲板上有情况变化时；
- 当任何事件或事故发生时；
- 记录涉及你自己船的无线电通信内容；
- 每小时的天气报告；
- 每半小时的位置报告。

例如，如果你在河里，水道太窄，不可能记录下每一次的航向变化，所以要考虑到实用性。建议记录开始和结束时间。例如：

*1500: 与新船员在港口入口以西 1 英里的开阔水域进行 MOB 演练；1545: 演练结束。现在处于航程中。*

Fernhurst Books 出版了一本适用于帆船的很好的航海日志。确保数据栏包含了你想要的所有内容，如下所示：

#### 导航数据：

**时间**：通常当地时间是最方便的。如果是跨洋航行，你会发现用 UT 计时很方便——这完全是个人的选择。重要的是按照你使用的时间进行记录。

**航向**：这是自上一条航海日志记录以来转向记录——它很可能与要求舵手的转向不同！知道实际发生了什么是很重要的。在本例中，航向为 260° C，直到 1100 BST，改变为 280° C。

**罗差和磁差**：分别从船的偏差卡和相应海图中获得。

**真航向**：这个可以在海图上使用。

**计程仪读数**：直接从船的仪表上读取，最理想的是取最近的链 (1/10 海里)。

**位置**：从你的每小时定位获取，通常是 GPS 读数。

| 时间 | 航向 | 罗差 | 磁差 | 真航向 | 计程仪读数 | 位置 |
|------|------|------|------|--------|-----------|------|
| 1100 BST | 260° C | 3° W | 3° W | 254°T | 1106.8 | Lat/long |
| 1200 BST | 280° C | 6° W | 3° W | 271°T | 1114.9 | Lat/long |

#### 天气和条件：

**真风向**：如果你的仪器校准正确，你将能够获得真风向，否则就要用目测法。下面的例子说明了为什么航向改变了——风向改变了 20°，所以舵手必须跟着走。

**真风速**：理想情况下从正确校准的仪器获取，否则要根据观察和经验获得。

**偏航**：帆船被风吹离到航线一侧的距离。

**气压计**：非常重要的天气预报工具。在本例中，它正在稳步下降。不要点击气压计——那样做会输入错误的偏移量。

**海况**：观测所得。

云量：用 okta 表示（译者注：okta 为云量单位，天空的八分之一）——天空覆盖范围从八分之一到八分之八。

天气／能见度：通过观察——你是否被淋湿，如果被淋湿了，淋湿了多少？包括温度。

这些观测提供了天气的总体状况。在本例中，天气正在恶化，但并不迅速。通过与之前的天气预报（最好是天气图）进行比较，你就可以对天气系统以及继续航行是否安全做出明智的判断。

| 真风向 | 真风速 | 偏航 | 气压计 | 海况 | 云量 | 天气／能见度 |
|---|---|---|---|---|---|---|
| 200°T | 20kts | 7° | 1003 | 中等 | 6/8 | 阵雨／中等 |
| 220°T | 22kts | 7° | 1002 | 中等 | 8/8 | 狂风／中到差等 |

### 船舶及航行信息：

动力：引擎开了吗？如果开了的话，是为了干什么，转速是多少？例如，用来给电池充电。

帆的使用计划：结合整体天气，可以对船的整体航行计划情况有个了解。

备注：任何相关的情况——例如，看到了海豚。

| 动力 | 帆的使用计划 | 备注 |
|---|---|---|
| 无 | 2级缩帆，1/2前帆 | 吉姆（Bouncy.Jim）从晕船中恢复过来。观察到艾迪斯通灯塔（Eddystone Lighthouse）位于右舷正横，方位为355°M。 |
| 无 | 3级缩帆，1/3前帆 | 因为狂风进行了缩帆。吉姆（Bouncy.Jim）咧着嘴笑着掌舵。 |

### 偏航

偏航是指船被风和帆所产生的侧向力推离航向的距离。需要考虑的因素包括风力、船前进的相对方向和船的设计特点。深吃水、长龙骨的帆船完全不会像平底、浅吃水的船那样被侧向推离。

风的相对方向是非常重要的。当船近迎风航行时，帆的很大一部分驱动力是侧向的，可以使船偏离罗经航向 15°～ 20°。

在评估偏航时，以船的侧斜角为标准——侧倾越大，侧向力越大，偏航也越大。显然，这对双体船来说不是一个好的指标。作为代替，可以回头看看你的尾浪。尾浪线和帆船中心线之间的方向差就是你偏航的大小。

从性能的角度来看，这是近迎风时不去升满帆的另一个原因——护舷木浸入海浪中可能真的非常令人兴奋并且感觉船速非常快，但实际上如果你缩帆了，你将比你预期的偏航更大。

偏航总是针对船的真航向而言的，而不是在水上的实际航向。偏航计算的加减取决于风的相对方向。充分考虑综合情况是非常有用的。

以帆船为例（右），航向 280°T，左舷近迎风航行。船将被风推离，因此需要在航向中添加偏航（在本例中为 8°），即真航向为 288°T，将其在海图中标出。

在第二个例子中（左），风向同样为西南风，船右舷迎风航行，航向 170°T。船正被风吹离，所以需要减去 8° 的偏航，即真航向为 162°T，将其在海图上标出。

一般规则：右舷减，左舷加

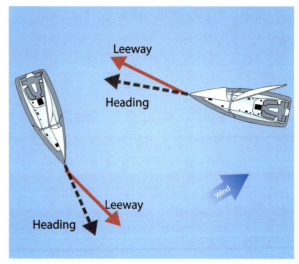

风导致了船的偏航。

### 航位推算 (DR)——最基本的猜测

考虑到船在水中的相对运动，你可以绘制出船的位置。在下面的示例中，只显示了对此必不可少的航海日志记录列。

右舷迎风航行**偏航 5°**，因此**在海图上**要减去偏航：**080°－ 5° =075° T**

| 时间 | 航向 | 计程仪读数 | 风 | 偏航 | 位置 | 备注 |
|---|---|---|---|---|---|---|
| 1230UT | 引航 | 102.3 | SE f5 | 5° | 距离防浪堤0.5MN | 驶出港口，进入080°C航线 |
| 1300UT | 080°C | 105.5 | SE f5 | 5° | DR | 仍以右舷近迎风航行 |

| 真 ← | 磁差 ← | 地磁 ← | 罗差 ← | 罗经 |
|---|---|---|---|---|
| 080°T | 3°W | 083°M | 3°E | 080°C |

航迹长度 = 1300 的计程仪读数－ 1230 的计程仪读数 = 3.2 海里

先绘制定位点，再绘制航迹，包括从最初定位点绘制的偏航。DR 用一条穿过相关点的轨迹的短横线来表示，旁边注明时间和计程仪读数。因为这是在**水上的轨迹线**，所以用 1 个箭头表示，如下页顶图所示。

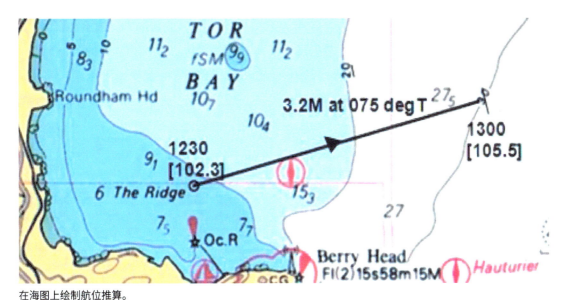

在海图上绘制航位推算。

## 估算船位 (EP)

这是对船在水中位置的最可靠的估算。实际上，EP 是在考虑潮汐情况的同时再加上漂移量的 DR。

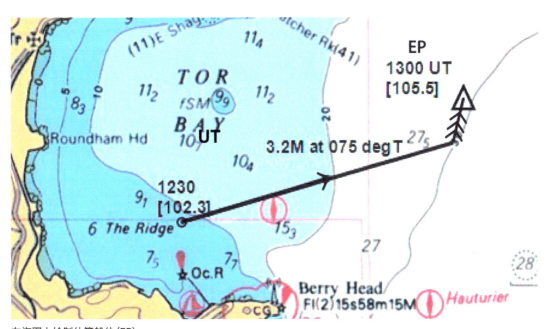

在海图上绘制估算船位（EP）。

虽然没有显示在前一页，但是完整的海图上潮汐菱形 B 就在附近。按照 155 页中描述的方法，你可以计算出 1230 UT 到 1300 UT 这段时间的潮汐流，方向为 010° T，流速为 0.5 节。所以绘制 EP 时，像之前一样绘制 DR，然后添加潮汐矢量。潮汐矢量用三个箭头表示，EP 用三角形表示 ( 如上页下图所示 )。

### 规划航线

到目前为止，我们已经讨论了我们现在和曾经在哪里。同样重要的是我们将要去哪里，以及如何根据潮流和偏航计算出两地之间最短的路程。

你目前所处在下图上的标记位置，时间为 1227 UT，你想要航行到撒切尔岩（Thatcher Rock）正南方半海里的位置，以安全地驶近托基（Torquay）。在目前的条件下 ( 能够以右舷很好地横风航行 )，预计船速为 5.5 节，偏航 6°，磁差 3° W。步骤如下：

1. 绘制到目的地和目的地以外的**预计对地航迹**，并测量要行驶的距离——在本例中为 6.0 海里。

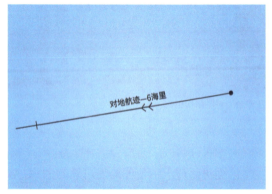

预计的对地航迹。

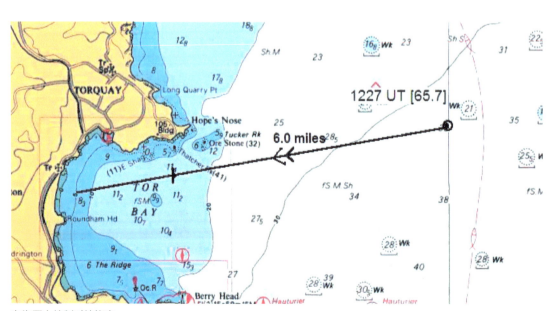

在海图上绘制对地航迹。

2. 计算航程的大概时间——航程6海里，船速5.5节，所以只需要大约一小时。这只是一个预估值，它使我们能够计算出潮汐的时间段。

| 毛利普斯,2009年2月7日,星期六 | LW | 1015 UT | 1.5m |
|---|---|---|---|
| | HW | 1603 UT | 4.7m |
| | LW | 2233 UT | 1.4m |

使用第169页描述的方法，你可以把毛利普斯高潮后的39分钟作为航程的主要部分。

现在画出航程这段时间的潮汐矢量。通过使用全距离让其变得容易。图上的三角形在目的地之前标注。这代表到达托基（Torquay）需要一个多小时的时间。

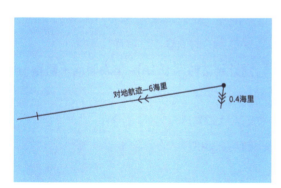

绘制潮汐矢量。

### 航程时间和预计到达时间

要估算时间，必须使用对地航迹。海图是遵从地面相关情况的，同样地，你的到达地点和目的地也是这样绘制的。所以，你的速度、距离和时间计算也必须如此。基本方程式如下：

### 速度＝距离 ÷ 时间

当你考虑节——海里/时或相对于时间距离时，这个方程有效。

要处理这三个量，请记住 DST 三角形：两个已知，求出一个未知。

| 预求得 | 速度＝ | 距离÷时间 |
|---|---|---|
| 预求得 | 时间＝ | 距离÷速度 |
| 预求得 | 距离＝ | 速度×时间 |

记住——这里的一切都是与地面对应的，所以你需要在所有的计算中使用 SOG ——对地航速。

参照前面的例子，从起点到水中航迹的截点（截点用红色表示）的地面航迹长度为5.7海里。

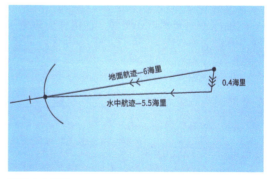

绘制水中航迹。

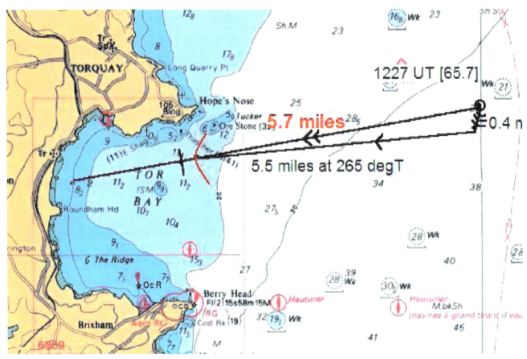

1227 UT [65.7]

5.7 miles

5.5 miles at 265 degT

=0.4 n

在海图上绘制水中航迹。

这意味着，在一小时的时间内，地面航迹长 5.7 海里。

### 对地航速

SOG= 距离 ÷ 时间

　　=5.7 海里 / 小时

### SOG=5.7 节

航程的距离是 6.0 海里，在第一步规划航线中测得。

时间＝距离 ÷ 速度

时间＝到终点的距离 ÷ 对地航速

　　＝ 6.0 海里 ÷5.7 节

　　＝ 1.05 小时

时间＝ 1 小时 3 分钟

定位点的时间是 1227 UT，所以

**预计到达时间 (ETA)= 出发时间 + 航程时间**

ETA=1227UT+1 小时 3 分钟

ETA=1330UT

### 水中航迹与对地航迹的关系

这个有点令人却步的短语总结了船在水中的运动 (**水中航迹**)、水对地面的运动 (**潮汐周期，或方向——漂移，或速率**) 和船对地面的运动 (**对地轨迹**) 之间的关系。

每条轨迹都由速度和方向来定义。这些都以**节**和**真极度数**来表示。

**水中航迹**：由**航向（包括偏航）和计程仪速度**来确定。

**潮汐轨迹**：由**潮汐周期**和**流**确定。

**对地航迹**：由**对地航线 (COG)** 和**对地航速 (SOG)** 来确定。

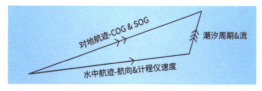

水中航迹和对地航迹。

对地航迹的绘制是在水中航迹末端添加潮汐轨迹得来的，就像绘制 EP 一样。至关重要的一点是**这三个轨迹要有相同的时间段**。

**水中航迹**：1 个箭头（用 1 个弓形波表示一倍船长）。

**对地航迹**：2 个箭头（像地上的 2 个脚印）。

**潮汐轨迹**：3 个箭头。

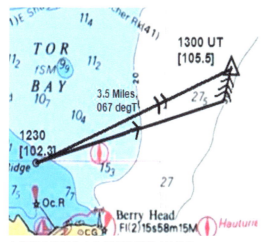

在海图上绘制的水上航迹和地面对地航迹。

查看上一节（第 160 页）中的 EP，可以按如图所示完成三角形内的推算。

这个三角形的每一边都超过半小时。对地航迹长 3.5 海里，方位为 067° T。尽管它在水中的航线方位是 075° T，但是**这是船行驶的轨迹**。因此：

**对地航向 (COG) = 067° T**

因为它在 30 分钟内走了 3.5 海里，60 分钟时，它将走 2×3.5 = 7 海里。

1 小时 7 海里的**对地航速是 7 节**。

**移动定位**

这是一种有用的技术，可以在沿着海岸行驶且一次只能看到一个可识别物体时进行视觉定位——天气雾蒙蒙时，能见度只有两到三海里。

该图显示了一座可见的灯塔，而教堂还未在视线之内。获得灯塔的方位。将其转换为真极度数后，将其绘制在海图上。你所确定知道的是你在这条线上的某个地方，你可以使用其他数据来提供进一步信息（例如深度），但这条位置线是你当时拥有的唯一像样的数据。

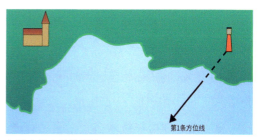

灯塔方位上的位置线。

推测到你在第一条位置线上的位置后，继续沿着海岸行驶直到你获得教堂的方位。将其转换为真极度数绘制在海图上，并从你在第一条位置线上的推测位置绘制 EP。

现在你知道了三件事：你**曾经**在第一条位置线上，你**现在**在第二条位置线上，以及你按照 EP 所定义的那样**已经**在两者之间的移动。

通过平移你的第一条位置线，也就是说将第一个物体（灯塔）的方位绘制到 EP 的末端，你会发现它交叉在了第二条位置线上——这就是你的定位！

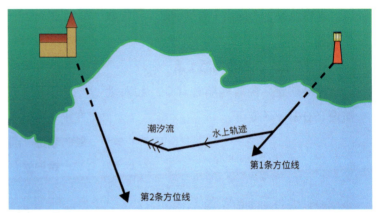

绘制教堂的EP和方位。

从EP画出位置线以得到你的定位。

### "我在哪儿？"和"我要去哪里？"——6 分钟法则

想象一下这个场景——现在是夏时令0245。你正在迎风驶向东索伦特（Eastern Solent），伴随着退潮，西风正当时，大约10 节，航向为考斯（Cowes）的码头。几海里后，你决定发动引擎，给自己点时间进行整理，然后你按下启动按钮。一切正常。

没问题，你可以继续航行，而且有很多系泊浮标可以在发动机出意外时派上用场，所以你可以继续迎风行驶。索伦特河灯火通明，你知道只要你避开波涛汹涌的海水，密切注意标记着荆棘河岸（Brambles Bank）的灯光，你就不会发生搁浅。所以，除了每隔几分钟就确定下位置并保持良好的观察（包括从前帆下扫一眼），你不必太担心导航问题。到目前为止一切顺利。但是，突然，一个没灯光的黄色竞赛标志嗖地紧贴着你的下风侧出现。

最大的问题是，当你一直在做各种有用的事情时，你只回答了"我在哪里？"，而不是真正重要的问题："我现在在哪里？"和"我将要去哪里？"。6分钟法则是一种简单、快速和准确的方法，在稍微练习之后，用起来只需要几秒钟。

为什么是6分钟？它是十分之一小时，这使得计算起来很容易，尤其是在0245这样的时刻。为此需要做一些准备，所以让我们以上述为例，从头捋一遍。

朴次茅斯（Postsmouth）：

| 0159UTC | 0259BST | 4.5m | HW |
|---|---|---|---|
| 0721UTC | 0821BST | 1.1m | LW |

| **潮差** | | **3.4m** | **所以75% 大潮** |
|---|---|---|---|

绘图仪的边缘（有刻度尺的一侧）是解决这个问题的好工具。在你的导航笔记本上画一条线，标出大潮和小潮潮差（本例中，从朴次茅斯潮汐曲线开始）。实际是从小潮差到大潮差的四分之三，目测就可以给出相对合理的精确度。

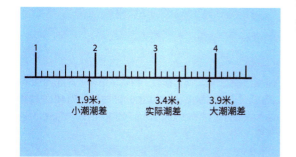

下一步是把潮流图册（或潮汐菱形）上的时间进行正确标注。无论如何，应在到达图册所覆盖的区域之前完成标注。这会使你对潮汐情况一目了然。在这个例子中，我们看到以下标注。

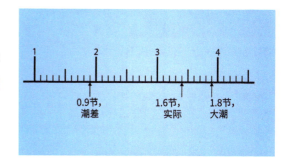

所以，我们可以估算75%的大潮约为1.6节流速，或者，用绘图仪的方法，也大约是1.6节。

在实践中，目测估算与理论上正确的数值差约在0.2节内。这就是所有你需要的准备工作——到目前为止最多花费几分钟。

现在海图上有一条线，标注出了你目前所处的位置及任何给定的时间你将处于的位置，而不是仅仅是表示你曾经到过的定位。它的妙处在于，你唯一需要做的数学计算就是将一个数字除以10，而不需要进行复杂的速度/时间/距离计算。

参见下页中的实际示例。

这是你的起始点——在0256BST的定位。

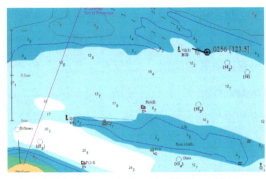

从你的定位点绘制1/10小时，6分钟的潮汐。此例中为0.16海里。

既然是迎风航行，你就没有选择航向的权利，所以你问舵手现在的情况——回答说：罗经235，速度5节。在考虑了磁差、罗差和偏航后，再一次使用1/10小时的方式来绘制水中航迹，即0.5海里。

测量你的定位和水中航迹末端之间的对地航迹的长度，沿着对地航迹进行分隔，标记好刻度。每一个刻度代表你的船对地的6分钟轨迹。但是，你的对地航速刚刚超过6节。

现在你可以计算出对地航迹，方法是从定位点推算到水上轨迹的末端，有必要尽可能得远些，如上所示。这显示了你正在前往没有灯光的黄色竞赛浮标"SL"，现在你需要知道你已经耗费了多少时间。

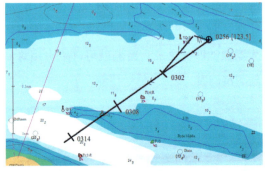

所以，海图上的工作的最后一步是标记每个刻度。由此可见，通过目测对地航迹，你将在0305时处于Fl(4)R左舷标志的正横方位，并约在0309时危险地接近没有灯光的黄色浮标。

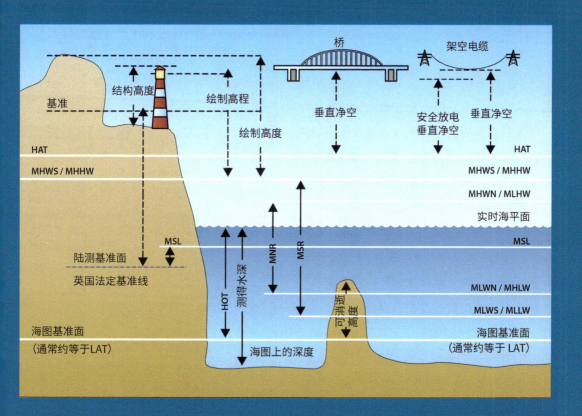

## 潮高

在世界上许多地方，这是非常重要的，潮差（高潮和低潮之间的差值）大约是 15 米。有几个定义，图示中进行了很好的说明。

**海图基准面**：垂直基准。所有的干出高度和深度都参照这个基准值，这是零潮高的点。

**LAT**：最低天文潮。这接近于海图基准面，但不一定等于海图基准面。例如，伦敦桥在大潮低潮位的时候，偶尔会出现 - 0.1 米。

**MLWS**：平均大潮低潮，有时也称为平均

低低潮 (MLLW)。大潮低潮可以比这个更低；它是一个平均数，或平均值。

**MLWN**：平均小潮低潮，有时称为平均高低潮 (MHLW)。这是平均值；非常"小"的小潮可以有更低的低潮。

**海平面**：这是海图基准面上加上潮高 (HOT)。这是在任意给定时刻的实际水深。

**MHWN**：平均小潮高潮，有时也称为平均低高潮 (MLHW)。

**MHWS**：平均大潮高潮，有时也称为平均高高潮 (MHHW)。

**HAT**：最高天文潮。

## 潮汐

### 潮汐表

年历和当地的引航指南提供了一年中任何一天所有标准港口的潮汐表。这些表列出了每天低潮和高潮的时间及高度。除了提供 HW 和 LW 的时间和高度，这些表格还提供了关于月球的信息，以及你是否处在大潮、小潮，或者更有可能是在两者之间。

2 月 9 日的旁边有一个白色的圆圈，代表满月，25 日旁有一个黑色的圆圈，代表新月。在此之后的一天左右，高潮标记和低潮标记达到了它们的极限，换句话说就是在大潮。在 2 月 2 日和 16 日有一个半月，大约一天之后，高潮标记和低潮标记最接近，也就是小潮。

你总是需要计算 HW 和 LW 之间的潮汐高度，为此需要潮汐曲线，下方图示即为朴次茅斯（Portsmouth）的高潮曲线。曲线显示潮汐由 LW 上升到 HW 的最高点，然后回落至下一个 LW。每条潮汐曲线都是不同的，取决于当地的地理和海床地形。

朴次茅斯位于索伦特的半封闭水域，涨潮流和退潮流全然不同。在标题框中还给出了平均大潮和小潮潮差——帮你决定使用哪条曲线，或它们之间相差多少。

### High & low water at Falmouth — FEBRUARY 2009

See inside front cover for time factors for other ports

| | Time | m | | Time | m | | Time | m | | Time |
|---|---|---|---|---|---|---|---|---|---|---|
| **1** SU ○ | 0242 0836 1505 2056 | 1.3 4.9 1.3 4.7 | **9** M ○ | 0448 1137 1721 2357 | 5.4 0.6 5.2 0.6 | **17** TU | 0410 0948 1632 2213 | 1.8 4.4 2.0 4.3 | **25** W ● | 0526 1210 1750 |
| **2** M ☽ | 0318 0915 1544 2140 | 1.5 4.8 1.5 4.6 | **10** TU | 0536 1225 1809 | 5.6 0.3 5.4 | **18** W | 0501 1041 1732 2323 | 2.2 4.0 2.3 4.1 | **26** TH | 0022 0604 1243 1826 |
| **3** TU | 0403 1008 1636 2242 | 1.6 4.6 1.6 4.4 | **11** W | 0042 0624 1308 1853 | 0.4 5.7 0.2 5.4 | **19** TH | 0617 1218 1854 | 2.4 3.9 2.5 | **27** F | 0054 0640 1313 1859 |
| **4** W | 0507 1121 1752 | 1.9 4.3 2.0 | **12** TH | 0123 0707 1347 1932 | 0.5 5.7 0.3 5.3 | **20** F | 0120 0751 1407 2035 | 4.1 2.4 4.0 2.3 | **28** SA | 0123 0713 1343 1929 |
| **5** TH | 0004 0645 1250 1936 | 4.3 2.1 4.3 2.0 | **13** F | 0200 0745 1423 2005 | 0.5 5.5 0.5 5.2 | **21** SA | 0234 0927 1506 2148 | 4.3 2.0 4.3 1.9 | | |
| **6** F | 0135 0828 1420 2104 | 4.4 1.9 4.4 1.7 | **14** SA | 0233 0818 1454 2033 | 0.7 5.3 0.9 5.0 | **22** SU | 0325 1018 1553 2234 | 4.6 1.6 4.6 1.5 | | |
| **7** SA | 0253 0945 1533 2212 | 4.7 1.5 4.7 1.4 | **15** SU | 0304 0844 1524 2058 | 1.1 5.0 1.0 4.8 | **23** M | 0409 1058 1634 2313 | 4.9 1.3 4.8 1.3 | | |
| **8** SU | 0356 1046 1631 2308 | 5.1 1.0 5.0 0.9 | **16** M ☾ | 0335 0912 1554 2129 | 1.5 4.7 1.6 4.5 | **24** TU | 0448 1135 1711 2349 | 5.1 1.1 4.9 1.1 | | |

**All times are G.M.T.**

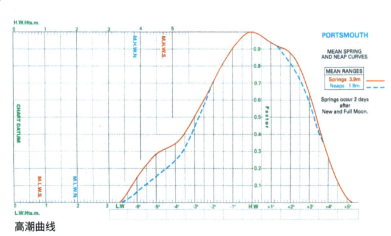

高潮曲线

PORTSMOUTH
MEAN SPRING AND NEAP CURVES
MEAN RANGES
Springs 3.9m
Neaps 1.9m
Springs occur 2 days after New and Full Moon.

如果潮差是 3.9 米，那么使用朴次茅斯的大潮曲线；如果是小潮 1.9 米，或者如果是 2.9 米，那在其中间画一条曲线。

一些港口有低潮曲线。当 HW 不明显时，就会用低潮表示，通常是在半封闭水域。南安普顿（Southampton）就是其中之一（见 170 页）。

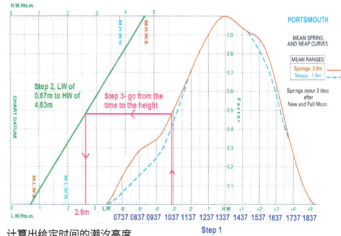

计算出给定时间的潮汐高度

## 计算出给定时间的潮高

以 2009 年 2 月 13 日（星期五）为例，朴次茅斯的潮汐数据为

**朴次茅斯，2009年2月13日**

|    |        |       |
| -- | ------ | ----- |
| HW | 0129 UT | 4.75m |
| LW | 0649 UT | 0.67m |
| HW | 1337 UT | 4.63m |
| LW | 1907 UT | 0.59m |

计算 1030 UT 的潮高：

第 1 步：填写曲线下方的时间框，以相应的 HW 作为参考。每写一次都是该框的时间的中点，每个小间隔是 10 分钟。

第 2 步：绘制从 LW 值到 HW 值的高度线（绿色），并标注潮差（本例的潮差 = 4.63m — 0.67m = 3.96m）。

第 3 步：找到所需时间 (1030 UT) 的时间轴，在相应的曲线上画一条线（红色），在本例中，因为当天的潮差非常接近大潮的平均潮差，所以这条线是大潮。穿过高度线（绿色），读取潮高为 2.6 米。

使用低潮曲线的步骤是相同的，除了在使用时间框的中心 LW 时间时。当你计划离开在低潮时有水底障碍的游艇港时，或者如果你的双体船已经搁浅了一夜，需要弄清楚它在早上什么时候会浮起来的时候，你就可以这样做。

设想一个场景，你需要在南安普顿把船弄干，然后把船底涂上防污漆。当潮高低于 2.5 米时，就可以开工了。你需要计算可用的窗口期。

南安普顿（Southampton）的潮汐表如下：

**2009年2月13日**

|    |        |       |
| -- | ------ | ----- |
| LW | 0655 UT | 0.4m |
| HW | 1310 UT | 4.7m |
| LW | 1913 UT | 0.4m |
| **2009年2月14日** | | |
| HW | 0134 UT | 4.4m |

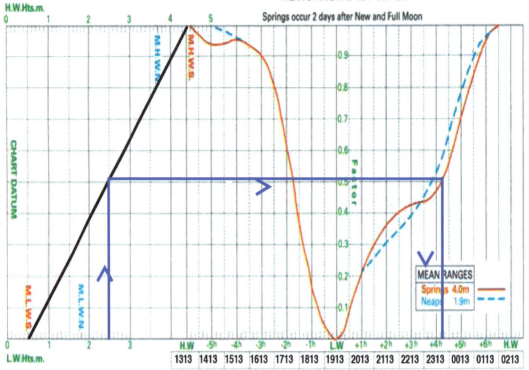

计算何时能达到某一深度

利用上一页的方法，找到想要的 2.5m 潮高，是高度上升的曲线，根据潮差判断出这是大潮曲线。读取时间为 2343 UT——这就是你该放下刷子的时间了！

有关全球潮汐计算器的在线信息，请访问：www.ukho.gov.uk/easytide/ easytide/ index.aspx

### 次级港口

如果每个港口都有自己的潮汐表和潮汐曲线，那就意味着你必须购买大量的航海年历才能获得所有数据。应对这个问题的一种方法是将主要港口确定为标准港口，并让该区域中的所有次级港口参照其特定的标准港口进行一些修正。这些就是次级港口。

次级港口使用与标准港口相同的潮汐曲线，但需要调整时间和潮高才能使用。

每个次级港口在年鉴中都有一个表，提供了所需的信息，如下面的托基所示。把普利茅斯的潮高和时间转化成了托基的潮高和时间。

假设你想使用托基 2009 年 2 月 13 日星期五上午的潮汐曲线。因为标准港口是普利茅斯，所以写下普利茅斯的潮汐信息。

| 托基 标准港普利茅斯 | | | | | | | |
|---|---|---|---|---|---|---|---|
| 时间 | | | | 潮高（米） | | | |
| 高潮 | | 低潮 | | MHWS | MHWN | MLWN | MLWS |
| 0100 | 0600 | 0100 | 0600 | 5.5 | 4.4 | 2.2 | 0.8 |
| 1300 | 1800 | 1300 | 1800 | | | | |
| +0025 | +0045 | +0010 | 0000 | -0.4 | -0.9 | -0.4 | -0.1 |

普利茅斯，2009年2月12日

| | | |
|---|---|---|
| LW | 0212 UT | 0.5m |
| HW | 0812 UT | 5.7m |
| LW | 1433 UT | 0.6m |
| HW | 2032 UT | 5.4m |

为了发挥潮汐曲线的作用，我们需要时间轴中间的 HW 时间，以及一个 LW 和 HW 高度。做一个表格来提醒自己是一个好主意，同时也能防止你转化并不需要的数字。

| | HW 时间 | HW高度 | LW高度(1) | LW高度(2) |
|---|---|---|---|---|
| 标准港口 | 0812 UT | 5.7m | 0.5m | 0.6m |
| 差异 | | | | |
| 次级港口 | | | | |
| 夏时令？ | | | | |

为了转换时间，请在转换表中查看高潮时间。

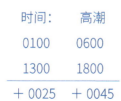

| 时间： | 高潮 |
|---|---|
| 0100 | 0600 |
| 1300 | 1800 |
| + 0025 | + 0045 |

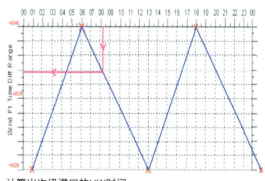

计算出次级港口的HW时间

这意味着如果普利茅斯的 HW 是 0100 或 1300，再加上 25 分钟，就能得到托基的 HW 时间。同样的，如果普利茅斯的 HW 是 0600 或者 1800，再加上 45 分钟就可以能得到托基的 HW 时间 ( 如上图所示 )。

在本例中，我们只需要转换一次，0812 UT。如上图所示，修正时间为 +0039 分钟，托基的 HW 时间为 0851 UT。

我们可以将其记录在我们的表上 ( 下页 )。

| | HW 时间 | HW高度 | LW高度(1) | LW高度(2) |
|---|---|---|---|---|
| 标准港 | 0812UT | 5.7m | 0.5m | 0.6m |
| 差异 | +0039 | | | |
| 次级港 | 0851UT | | | |
| 夏时令? | 否 | | | |

HW 高度是使用类似的过程转换的。

高度以米为单位

MHWS    MHWN

5.5          4.4

-0.4         -0.9

如果 HW 高度恰好为 5.5m，即 MHWS，则修正量为 -0.4，托基高潮时的 MHWS 高度

为 5.1m。通常需要进行插值计算。

在本例中，标准港口高潮高度高于 MHWS 标记，因此 MHWS 和 MHWN 点之间的连线必须延长。这就有了 -0.3m 的修正值。

| | HW 时间 | HW高度 | LW高度(1) | LW高度(2) |
|---|---|---|---|---|
| 标准港 | 0812UT | 5.7m | 0.5m | 0.6m |
| 差异 | +0039 | -0.3m | | |
| 次级港 | 0851UT | 5.4m | | |
| 夏时令? | 否 | | | |

不管图上的坐标轴沿哪个方向走，或者每个轴从哪里开始，这些都无关紧要。

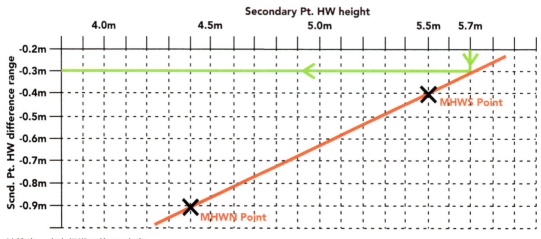

计算出一个次级港口的HW高度。

低潮高度可以用同样的方法得到。我们做两个低潮高度的原因是潮水从前一个低潮上升到高潮中心，然后下降到下一个低潮，我们想要观察整个上午的潮汐情况。根据你需要的潮汐数据，你可能只需要做一个高潮和一个低潮。

高度以米为单位

| MLWN | MLWS |
|------|------|
| 2.2 | 0.8 |
| -0.4 | -0.1 |

看 LW 列，当标准港口 LW 为 2.2m 时，即 MLWN 时，修正量为 -0.4m。当为 0.8m 时，即 MLWS 时，修正量为 -0.1m。

由于标准港口 LW 低于 MLWS，所以这条线像前面一样需要延长。这给出了最后的两个修正量。同样，图形上的坐标轴沿哪个方向走，或者每个轴从哪里开始，都是无关紧要的。

| | HW 时间 | HW高度 | LW高度 (1) | LW高度 (2) |
|---|---|---|---|---|
| 标准港 | 0812UT | 5.7m | 0.5m | 0.6m |
| 差异 | +0039 | -0.3m | 0.0m | -0.1m |
| 次级港 | 0851UT | 5.4m | 0.5m | 0.5m |
| 夏时令? | 否 | · | | |

（有关标准港口曲线的示例，请参见第 168 页）

现在可以像其他潮汐曲线一样被使用了。它不再仅是普利茅斯的曲线，因此普利茅斯的平均大潮差和小潮差不再适用。

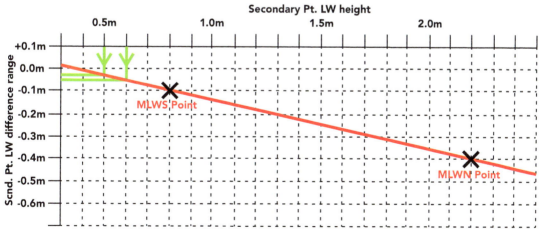

计算出次级港口的LW高度。

# 引航和航道规划

### 引航

这是从港口外的安全水域航行到泊位的艺术，避开途中的任何危险。可能是从安布罗斯灯塔（Ambrose Lighthouse）航行到纽约港 (New York Harbor)，或者从安全水域标志自索伦特（Solent）西部穿过尼德尔斯海峡（Needles Channel）。如果你的航行路线要穿过狭窄的水域，像从英国南下到波尔多 (Bordeaux) 时，乌尚特 (Ushant) 和法国之间的 Chenal du Four，那么中间的航道也需要引航。

引航与离岸航道导航的不同之处在于，引航是非常直观的，取决于你的船沿着有明确标志的清晰航段航行。通常没有时间去舱里在海图上标绘引航图，所以你需要在甲板上获取所有信息。妥当准备是相当耗时的，但是对于安全进入港口来说是必要的，特别是在条件复杂的情况下。毕竟，航程开始和结束时的浅滩部分才会造成损坏——中间的蓝色水域通常更好应对一些。

### 安全方位

这是一个很好的技巧，可以使你避开已知危险。假设你从北面接近托尔湾 (Tor Bay)，想要在托基的码头停一下，用那里的起重机来处理下桅杆。在海湾的东北入口处有一些没有标记的岩石和小岛。

通过连续使用两个安全方位，你可以以最小的麻烦和最大的视觉确定性来避开这些危险。

首先，你需要避开塔克岩石（Tucker Rock）和奥尔石（Ore Stone）。从非常明显的贝里角（Berry Head）灯塔画出安全方位。在这条线以东，你将处于安全水域，避开奥尔石约 4 链，0.4 海里。从东边看，贝里角的方位将会大于你的安全方位。如果你从西边看，它会小些——你只需要记住一个数字！

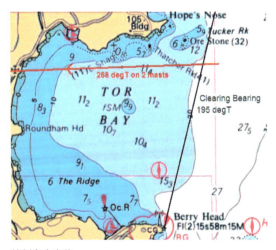

绘制安全方位。

当你越过奥尔石后（高 32 米，即使在晚上也能看清），就开始向西看，去找那两根 284 米高的被红灯照亮的桅杆。一旦看见，监测它们的方位，直到超过 268°T，然后朝它们前进。只要你在这条线的南面，桅杆的方位大于 268°T 的安全方位，你就处于奥尔石、撒切尔岩和东沙格 (East Shag) 以南的安全水域。

### 等深线的使用

等深线可以作为很好的安全方位线。与前面的例子一样，如果当你向南驶向奥尔石时，保持在 20m 以上的等深线的范围内，再向西驶向奥尔石、撒切尔岩和东沙格时，保持在 10m 以上的等深线范围内，你就是在安全水域内。因此，调低测深仪测得的水深是非常重要的，也就是说，将潮汐从测深仪读数中除去。

### 驶近港口

驶入时，保持桅杆在 268°T 的安全方位以南，着手辨认托基附近的自身地形特征。陡峭的悬崖和岬角十分壮观，还可以看见伦敦桥那的一座石拱。很容易认出帝国酒店的宏伟大厦，特别是在晚上，所有的灯都亮着，保护港口的防波堤也非常容易被看到。南防波堤——哈尔登防波堤 (Haldon pier) 有 6 海里可见的绿色快闪灯，紧临它的西边是一个 QG 闪光右舷标志。当位于 327°T 时 ( 或当码头 QG 为 330°T 时，此时浮标很难被看到 )，转向它并开始接近它。注意它的方位，因为横向潮流效应可能会把你推向一侧，提醒船员要密切注意没有灯光的黄色标志，特别是离港口最近的两处，离你到港口理想航迹只向左差不到 0.5 链。

驶近托基。

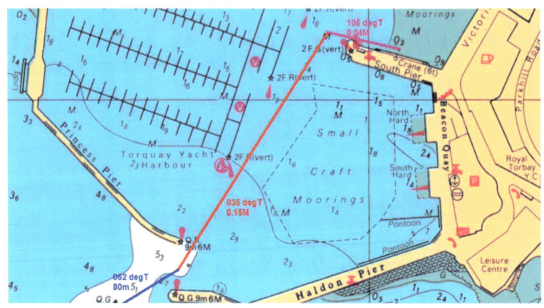

展示托基港详细引航方案的海图

### 详细的引航计划

这应该在你所拥有的最详细的海图上进行。起重机在南防浪堤的北侧，图中所示到达那里需要3个航段。引航计划的每一段都应该至少有4条信息：**起点、终点、距离、方向。**

起点和终点应可由目测或工具识别；例如，在浮标旁边，在两个防波堤之间，或在一个锤头状的浮筒和码头末端之间。理想情况下，它们是带有灯光的，即使你在天黑后到达也能识别它们。带注释的海图（上图）包含了引航计划所需的所有信息，但在甲板上，尤其是在恶劣天气下，海图有时会不方便使用。一些引航员通过制订单独的引航计划来克服这个困难，但要确保你妥善地研究

了海图——正确复制了危险和陆标，避开了所有潜在危险。

在海图上画出你的航迹。你看到的左舷的一切都需要在左侧进行注释。右舷的一切在右侧。任一航段的信息都标在中间。

从海港入口的两条防浪堤的末端**开始**，到第二个锤头状浮筒北端与南防浪堤之间的老鱼码头的连线**结束**。**航向035°T，航程0.15海里**。此外，在0.06海里后，第一个锤头出现在左舷，以两个垂直固定的红色标来标示，在0.05海里后，第二个锤头以相同方式标记。在右舷处，有锚泊的小船，所以要留意观察未开灯的锚定船只或接驳船。还要有深度信息。

## 反方位角

当潮汐和偏航把你带偏时，反方位角对于你从起点就保持一个特定的方向是非常有用的。

要从闪着绿色光的右舷航标进入圣莫韦斯（St Mawes），你可以用反方位角240° T安全地完成此操作。

继续沿着该方位观察，不要直接对准浮标，因为这会显示出你已经漂流到了哪一边。参照物也能提供目测引航方向和安全方位。

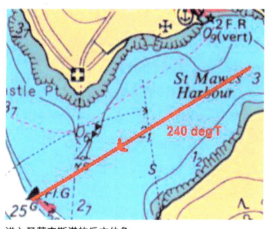

进入圣莫韦斯港的反方位角。

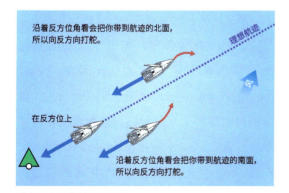

对应反方位角的操舵方法。

## 航线设计与执行

航线设计负责从出发点以外的安全水域到目的地以外的安全水域的这部分航程。

俗话说——"纸上谈兵终觉浅"，但好的航行计划，可以使你享受安全、有目的的巡航，并到达原定目的地。

需要考虑以下几个基本概念：

### 航路点

这些仅仅是些具有导航意义的点。一般来说，这些点是你规划路线上的"拐角"，但是你可以把它们放在任何你希望的地方。使用浮标作为航路点是没有错的，但是当靠近浮标时要注意观察——船有一个缺点，就是用GPS导航自动驾驶时，可能会撞上浮标！

### 潮口

指这些受潮汐影响的地区，例如在驶出船闸或须越过水底障碍的港口时，潮汐高度受到约束。逆风的强潮流也会在某些地区引起不舒适的或有潜在危险的海况。

### 备选港口

如果天气变得更差，船只出现机械故障或者你遇到其他问题，你可以计划转向这些港口。

### 航线设计示例

你现在停泊在英国多塞特海岸（Dorset coast）的斯图德兰湾（Studland Bay），计划第二天，2009 年 2 月 13 日星期五，航行到位于海峡群岛（Channel Islands）里的格恩西岛（Guernsey）的圣彼得港（St Peter Port）。第一步是考虑**整个航程**。

**第一航段**：全程 57 海里，从斯图德兰湾出发，穿越海峡抵达奥尔德尼中心。

该航段从航路点 1 开始，在老哈利（Old Harry）以东 1 海里处，有一根非常明显的石灰岩柱子。这是一个相当随意的选择，可以

到圣彼得港的航线设计。

使你在到达爱维尔，处于开放水域前避开所有浅滩和礁石。

从那里开始，**第一航段**穿越海峡。用你的手指沿着航迹往下滑动，你会发现没有固定的危险——尽管会有许多船只在主航道上来来往往，需要小心。在第一航段的最后，只要你在航迹上并掌握了合适的潮汐时间，就能通过奥尔德尼。

**第二航段**从奥尔德尼出发到标示着通往圣彼得港的小罗素海峡导航灯上的航路点。

在海图上绘制航迹并注明其方向和长度是很重要的。用手指在航迹上滑过，检查一下你是否离危险太近，比如思科勒（Banc de la Schole），这是向南的安全距离。

这是航线设计的最后一部分——从航路点 3 到圣彼得港，这就需要一个引航计划了，而且是相当复杂和详细的一个计划。

### 规划航线时间

到目前为止一切顺利——你知道你要去哪里，并且在要使用的海图上绘制了理想航迹。那么，什么时候离开，什么时候到达？

首先，查看天气。英国气象局网站给出了英国和北欧水域的航运预测。www. metoffice.gov. uk/public/weather/marine。美国国家海洋和大气局网站对北美水域也做了同样的事情。www. nws.noaa.gov/weather。Euroweather 网站覆盖了地中海的情况。www.eurometeo. com/english/marine。

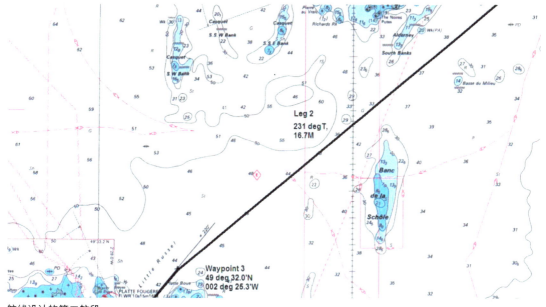

航线设计的第二航段。

这看起来不错，虽然从技术上讲，天气可能偶尔有点恶劣，但至少这将是一个横风或顺风航线，并且你有能力行驶这个航线。

现在看看潜在的潮口。在本例中有两个：

• 奥尔德尼，潮汐流可以达到 9 节以上；

• 圣彼得港本身，码头入口有一个水底突起，潮间带高度为 4.2 米。

两者中，第一个更为重要。如果你在错误的时间到达码头入口，你可以简单地绑在等待的浮码头上，然后休息放松一下，而如果你在到达奥尔德尼时弄错了潮汐，往好处说，会非常不舒服，速度会慢，往坏处说，那将是非常危险的。

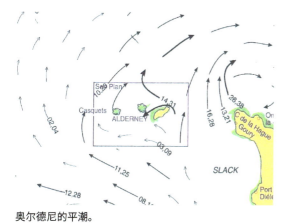

奥尔德尼的平潮。

奥尔德尼的强潮。

潮汐流图集显示，到达那里的最佳时间是在多佛高潮之前，在退潮前潮水平缓下来，它会带你一路向下到达圣彼得港。

看一下我们手中的多佛潮汐数据：

**2009 年 2 月 13 日，多佛**

HW 0112UT 6.9m

LW 0851UT 0.5m

HW 1333UT 6.5m

LW 2103UT 0.9m

**2009 年 2 月 14 日**

HW 0148UT 6.8m

LW 0924UT 0.8m

HW 1409UT 6.3m

LW 2103UT 1.2m

到达奥尔德尼的理想时间是 13 日 1300UT 或 14 日 0100UT。

第一航段有 57 海里。以平均 5 节的速度，这将需要 11 到 12 个小时来完成，尽管给无法预见的情况留出额外的时间总是一个好主意。这意味着 13 日 0000UT 起锚。这将拥有下午或傍晚进入圣彼得港的优势，所以这是一个不错的选择。第二航段有 16.7 海里，顺流潮，这段大约需要 3 个小时，大约在 1600 的时候你就会到达小罗素海峡的入口。

引航只有 6 海里多一点，所以还得再等一个小时，伴随着 13 日 1726UT 太阳落山时，航程的最后一段应该有不错的光线。

你需要做一个圣彼得港的潮汐曲线，在这个例子中，在 1700UT 的时候大约有 6.5 米的潮高，高出横槛围栏 2.3 米。对于大多数巡航船而言，这个间隙过小，所以你可能要等到约 1900 UT 才能进入码头。

### 备选港口

在任何一段航程中，你都应该考虑一下，如果天气变坏了或者有人生病或受伤了，该如何中途停留。

在这条航线上，如果在穿越英吉利海峡的中间发生了什么事，瑟堡（Cherbourg）将是一个具有明显优势的停靠点——一个可以获取所有潮汐和天气情况的大港口。然而，当你靠近奥尔德尼时，瑟堡就不那么有吸引力了，因为逆流将沿着海岸强劲地向东流动。所以现在，奥尔德尼的布雷港成了最佳选择。

作为备选港口的瑟堡（Cherbourg）。

以防万一，这需要提前制订引航计划，并对港口入口周围的潮汐进行彻底的研究。

### 计算单一航段整体的潮汐影响

计算一段 60 海里的航程要比一个小时左右的航程复杂一些。有一种方法可以让你对整体的潮汐和漂移有一个很好的概念，那就是查看你计划航迹上的每小时的情况。一个简单的表格就可以：

| 时间 | 向西 | 向东 |
|------|------|------|
| 1 | 0.4 | - |
| 2 | 1.5 | - |
| 3 | 3.0 | - |
| 4 | 3.3 | - |
| 5 | 2.6 | - |
| 6 | 1.9 | - |
| 7 | - | 0.8 |
| 8 | - | 2.0 |
| 9 | - | 3.9 |
| 10 | - | 3.9 |
| 11 | - | 3.2 |
| 12 | - | 0.6 |
| 合计 | 12.7M 西 | 14.4M 东 |
| 整体 | - | 1.7M 东 |

由于超过了 12 小时，可以计算平均潮汐率：

平均潮 =1.7M/12 小时 = 向东 0.15 节

然后，这可以放入一个标准的"航向三角形"中。

实际上，由于一些原因，这不可能完全

准确，所以每当距离航程结束只剩一半的距离时，最好重新做一次 EP：对于这段航程，30 海里后，然后 45 海里处，以及你觉得需要重新检查的任何时候。

在 12 个小时中，对地发生的情况是，你将被带到离你标绘航线以西近 13 海里的地方，然后被向东移动的涨潮流带回到 14 海里多一点的地方。当你绘制你每小时的位置时，这可能看起来很令人不安，但是通过很好地跟踪你与潮汐的相关位置，你会发现你会滑回你应该在的位置。

全面掌握情况的一种方法是对每小时的定位做一个预测性的 EP。把你的定位标在海图上，然后用你的平均速度、航向和接下来一个小时的潮汐预测做一个 EP。在一个小时内，你的下一个定位应该非常接近预测性的 EP。如果不是，则说明实际情况与应有情况不符合。

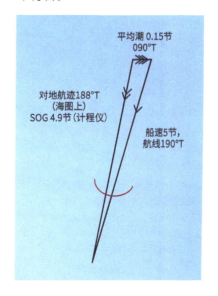

# 无线电通信礼仪／规矩

在英国，每一艘装有无线电发射机的船舶都必须持有船舶无线电执照，这就产生了船舶独特的呼号。呼号由字母和数字组成，用音标字母拼写。

如果你的船只有一部手持 VHF 设备，那么你必须持有船舶便携无线电执照。无线电发射机只能由持有短距离无线电证书的船舶无线电执照持有人操作或在其控制下的船员操作。

最新的数字 VHF 设备在全球海上遇险和安全系统 (GMDSS) 上运行。这是为了确保船只能够自动发送遇险警报。当连接到 GPS 接收器时，系统还会发送你的遇险位置。

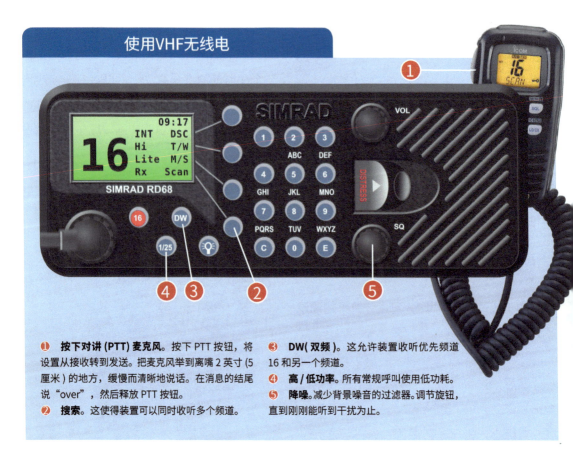

## 使用VHF无线电

❶ **按下对讲 (PTT) 麦克风。** 按下 PTT 按钮，将设置从接收转到发送。把麦克风举到离嘴 2 英寸 (5 厘米) 的地方，缓慢而清晰地说话。在消息的结尾说"over"，然后释放 PTT 按钮。

❷ **搜索。** 这使得装置可以同时收听多个频道。

❸ **DW( 双频 )。** 这允许装置收听优先频道 16 和另一个频道。

❹ **高 / 低功率。** 所有常规呼叫使用低功耗。

❺ **降噪。** 减少背景噪音的过滤器。调节旋钮，直到刚刚能听到干扰为止。

## 遇险按钮

这只在 VHF-DSC 设备上有，且有一个保护盖子。它已经录入了船名和船型信息。发出求救信号时，打开盖子并按下按钮。然后再按 5 秒钟。警报将每 4 分钟重新发送一次，直到海岸警卫队或其他船只应答。遇险性质可以通过向下滚动菜单来选定。

切勿通过启动遇险警报来测试 DSC。

## 音标字母

### 用音标字母拼出船名、呼号、缩写和单词

| | | | |
|---|---|---|---|
| A | ALPHA | O | OSCAR |
| B | BRAVO | P | PAPA |
| C | CHARLIE | Q | QUEBEC |
| D | DELTA | R | ROMEO |
| E | ECHO | S | SIERRA |
| F | FOXTROT | T | TANGO |
| G | GOLF | U | UNIFORM |
| H | HOTEL | V | VICTOR |
| I | INDIA | W | WHISKY |
| J | JULIET | X | X-RAY |
| K | KILO | Y | YANKEE |
| L | LIMA | Z | ZULU |
| M | MIKE | | |
| N | NOVEMBER | | |

**Over/ 结束**：我已经讲完了，需要一个答复。

**Out**：我已经讲完了，不需要回答。永远不要用"Over and Out"来结束对话，因为这会招来很多嘲笑。

**Say again/ 再说一遍**：重复你刚才说的话。

**Correction/ 更正**：发生了错误；执行更正后的版本。

**I say again/ 我再说一遍**：我在重复我以前的信息。

### VHF 频道分配

**16**：主要遇险工作频道和一般呼叫频道。

**13**：与避碰相关的主要桥间频道。

**06、08、72 和 77**：主要的船间频道。

**70**：DSC 通信量的数字信号。

### 测试你的 VHF

海岸警卫队很高兴收到测试呼叫，但要记住，在繁忙的水域，如果 324 艘游艇在 16 频道呼叫，所有人都要求无线电检查，这个重要的遇险频道将被堵塞。所以，在当地的年历中查一下海岸警卫队的常规交通频道，然后用它来进行无线电测试。

### 呼叫其他船

VHF 无线电是一种方便和免费的通信手段，但是，就像无线电测试呼叫一样，你不能占用 16 频道讨论当天晚上在哪里吃饭。所以，当你呼叫另一艘船时，一旦你们在 16 频道联络上，就转到其他船间频道。

# 海上安全

### 提前计划！

无论你什么时候去航海，一定要做好计划——即使只是从港口的一边到另一边。在任何航程中，都有一些相关的基本事项：

• 天气——应获取天气预报。

• 潮汐——应核查，应注意任何与强风相互作用的情况。

• 船舶状态——你是否忘记了什么？

• 足够的供给，再多备一点，以防意外发生。

• 是否有足够的有匹配经验水平的船员来满足你的航程需要？

### 注册你的船只和航程

2018 年，英国海事和海岸警卫局 (MCA) 将 RYA 的 SafeTrx 作为其官方自愿安全认证计划。现在它取代了早先的 HM 海岸警卫队 CG66 计划。

RYA SafeTrx 应用程序旨在提高海上安全，缩短了确定遇险者位置所需的重要时间。它监控你的船只航行，如果你未能按时到达，则向指定的紧急联系人发出警报。使用 iPhone 和 Android 智能手机技术，此跟踪和报警系统易于访问且使用简单，只需轻触一个按钮，你就可以向海岸警卫队拨打 999 报警电话。

该应用程序可以在英国领海内免费使用，也被全球许多其他搜索和救援组织所使用。可免费提供给任何英国居民，它自动通知 HM 海岸警卫队你的航行计划、船舶和船员信息、事件数据、动态位置，甚至在遇险情况下直接能 999 连线。

当海岸警卫队接到紧急呼叫时，他们需要快速获取大量信息。这个应用程序可以帮助他们访问你的所有信息，这样你就可以用正确的资源得到更快的响应。SafeTrx 应用程序使用了实时的先进技术，可以提供精确的地理位置，当遇险人不确定自己在哪里、迷失方向、受伤或不熟悉该区域时，这些都是重要的参考信息。

RYA SafeTrx 可以从苹果应用商店或谷歌 Play 免费下载。下载后，船员可以使用该应用程序进行无限次的免费航行。除了航行计划模式外，该应用程序还有一个名为"track only mode（仅跟踪模式）"的跟踪选项，可以让船员在比赛或巡航时分析自己在水上的速度和性能。对于不希望使用该移动应用程序的客户，可以选择在 https：//safetrx.rya.org.uk/login.html 在线注册他们的详细信息。

### 申报计划

即使是只有一天的航行，在出发前，也要告诉家人或朋友你打算去哪里，什么时候回来。确保他们记下了你的手机号码、船名和帆号。

如果你计划离岸航行，那么向海岸警卫队申报你的预定路线和目的地。在一些国家，这可以通过网络完成，但在另一些国家，你可以邮寄一张卡片，提供所有细节，包括无线电呼号和手机号码。

### 雷达反射器

在索具上常常有一个雷达反射器。铝桅

电子主动雷达提供比被动雷达反射器更强的信号。

杆本身不能提供足够大的回声。国际海事组织 (IMO) 规定，所有 49 英尺 (15 米 ) 及以上的船都需要安装 10 平方米回波区的反射器，但对于安装小型船的索具时，这种反射器并不总是实用。在这种情况下，反射器应具有最大的实际回波区。在任何情况下，反射器都必须安装在尽可能高的地方，以达到最大的探测距离并且至少高出海平面 13 英尺 (3.96 米 )。

电子雷达目标增强器提供了另一种解决方案，它被认为是法规规定的"其他手段"。它们具有更大的等效雷达横截面和更小的物理尺寸，并在雷达显示器上产生主动响应，比传统的被动反射器更强、更一致，而不会增加目标的表面尺寸。

### 高空作业的人

当把一位船员用吊裤吊起时，升帆索必须由两名船员操作，一位负责绕绞盘，另一位负责盯着和监控进度。

• 为了安全起见，上桅杆的人必须连接上第二条升帆索，并穿上救生衣、戴上安全帽。

• 工具应装在固定在吊裤上的袋子或桶里。

• 升帆索绞盘必须用两个拖缆结固定，并且不能无人看管。

• 当爬上桅杆时，上桅杆的人应拉住索具帮助自己抬升。

•第三位船员也可以通过尽力拉住升帆索来帮忙。

•永远不要站在高空作业人员的正下方。

•下降过程中，高处的人应该从桅杆上滑下来，当绞盘手渐渐松开升帆索的时候用胳膊和腿抱住桅杆。

## 火灾

### 常见原因：

•甲板下吸烟。

•舱底积存的气体或汽油蒸气。

•做饭。

### 避免措施：

•不要在甲板下或靠近船帆时吸烟。在甲板上吸烟应听从船长安排。

•当炊具不用时，把煤气阀门关掉。

•将灭火毯放在厨房的可及范围之内。这是熄灭火焰的最好的办法，特别是脂肪火和燃烧着的衣服。

•二氧化碳／卤化碳灭火器最适合在封闭空间使用。

•桶里溅出的水会浇灭燃烧的玻璃纤维、木制品和船帆。

•气瓶必须装在向船外排水的密封置物柜中。气体比空气重，会沉入舱底。

•汽油（用于舷外发动机）应与气瓶一起装在向船外排水的密封置物柜中。如果舷外发动机本身是装在大型帆船下方，一个好的做法是在发动机运转时断开油箱，以使发动机空转，那么在收起时燃油系统中就没有汽油了。

### 汽油或汽油蒸气逸出现象发生时：

•熄灭香烟。

•打开所有舱口，让新鲜空气流通。

•用桶将舱底的汽油和蒸气排出。

•请勿打开或关闭任何电气系统——打开或关闭开关的动作可能会引起火花。

### 如遇火灾：

•让所有人都到甲板上，穿上救生衣。

•发送求救信号和火灾信号。

•准备弃船。

### 应急手包

每条船上都应该有一个应急手包，里面装有重要的安全和救生装备，如焰火信号、紧急无线电示位信标（EPIRB）、VHF 对讲机和其他个人物品。它被储存在驾驶舱的储物柜里，如果需要弃船，随时可以被船员抓取，带到救生筏上。

### 焰火信号

焰火信号应该储存在一个防水的容器里，并每年检查一次，以确保它们是在有效期内的。那些过期的必须立即更换。

### 近岸紧急焰火信号包

离岸 3 海里以内使用：
- 2 个红色手持焰火信号；
- 2 个橙色的手持烟雾信号。

### 沿海焰火信号包

离岸 7 海里以内使用：
- 2 个红色降落伞火箭信号；
- 2 个红色手持焰火信号；
- 2 个橙色的手持烟雾信号。

### 离岸焰火信号包

用于离岸超过 7 海里的地方：
- 4 个红色降落伞火箭信号；
- 2 个红色手持焰火信号；
- 2 个橙色的漂流烟雾信号。

### 紧急无线电使用

16 频道是紧急广播频道，紧急呼叫将被发送到该发射范围内 (VHF 约 30 海里，148 公里 ) 的所有电台 ( 其他无线台 )。当发出紧急信号时，16 频道的所有其他呼叫必须立即停止！

紧急呼叫分为三级。

## 一级紧急情况：

### 求救信号"MAYDAY——MAYDAY——MAYDAY！"

遇险信号仅在当船只或船员遇到严重危险时使用。

> MAYDAY, MAYDAY, MAYDAY
> 我是——报三遍船名
> 呼号和 MMSI
>
> MAYDAY ——一遍船名
> 呼号和 MMSI
> 我的位置是……给出一个已知点的纬度和经度或范围和方位
> 遇险性质：沉船，火灾，MOB，
> 我需要立即救援
> 船上人员数量
> 其他信息：弃船登上救生筏，没有救生筏
> Over

## 二级紧急情况：

### "PAN-PAN——PAN-PAN——PAN-PAN!"

当出现严重但不危及生命的情况需要援助时，应使用这个"紧急"信号，包括：

- 严重的疾病或受伤；
- 船长丧失能力；
- 你有被大浪或洋流冲上岸的危险。

> PAN PAN，PAN PAN，PAN PAN
> 所有人——所有人——所有人
> 我是——报三遍船名
> MMSI
> 我的位置是……给出一个已知点的纬度和经度
> 或范围和方位
> 问题的性质
> 需要协助
> Over

## 三级紧急情况：

### "SECURITE——SECURITE——SECURITE!"

该信号用于警告可能影响该地区其他船员的情况，包括：

- 航行中的危险，如漂流的集装箱、圆木、网等；
- 大型船舶进入狭窄航道的警告；
- 发生故障或燃料用完了；
- 螺旋桨被缠了。

## 紧急救援服务需要：

- 船名，重复 3 次。
- 你的位置，二者选其一：
  经纬度或
  距海角或地标的距离和方位。
- 你的问题的性质。

• 船上的人数以及是否有任何伤亡。

• 船的描述，包括：

尺寸

颜色

设计的类型

制造商

最新的数字选择性呼叫设备将纯通话用途设备和遇险按钮的功能结合起来，能够自动发送识别呼叫船只和紧急情况性质的数字遇险信号。当连接到 GPS 接收器时，该系统还会在信息中包含船只的位置。

当你在呼救时，船员们应该尽其所能来吸引人们的注意力，以寻求帮助：在发生 MAYDAY 情况时，释放遇险焰火信号，或者释放白色焰火信号，升起旗子，在不太紧急的情况下上下挥舞手臂。如果你看不到其他的船只或陆地，那么使用降落伞信号。

### EPIRB

EPIRB 通过卫星以 406mhz 的频率向救援服务发出警报。该系统几乎在全球范围内运行，许多 EPIRB 有内置 GPS，可以提供非常准确的位置。

EPIRB：

• 必须列在船舶无线电执照上；

• 必须通过 EPIRB 注册处向海岸警卫队注册；

• 将传输 48 小时；

• 电池 5 年后需要更换；

• 应该被带进救生筏；

• 可以自行漂浮在水面上。

如果 EPIRB 操作失误，请立即关闭它，并尽快与海岸警卫队联系，提供你的位置和 ID。

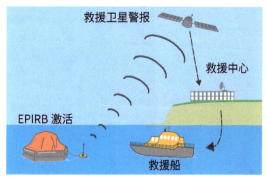

### PLB

较小的装置，被称为是个人定位信标，同样可以使用。虽然功能较少，但是因为它们是注册给个人的，而不是注册给船的，所以它们是可便携的。

其他求助信号见下一页：

救生信号 与救援基站、海上救援队和从事搜救行动的飞机沟通时，供船舶、飞机或遇险人员使

## 搜救队回复

已经看到你了，将尽快给予帮助。

橙色烟雾信号

大约每隔一分钟发射三次白星信号或三次声光火箭信号。

## 空对地方向信号

3 个动作的顺序表明正朝这个方向前进。

不再需要帮助了。

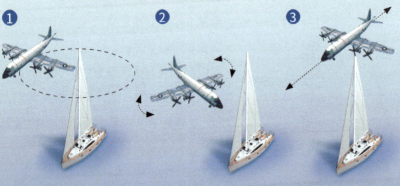

**①** 至少绕船一周。

**②** 在船头低空穿过，摇晃机翼。

**③** 再次飞到船的上方并朝要求方向前进。

在船尾低空穿过，摇晃机翼。

## 岸对船信号

在此处登陆安全。

在这里登陆很危险。附加信号表明按指示方向可安全登陆。

垂直挥动双臂，白旗、
白光或白色焰火

水平挥舞白旗、白光或白色焰火。在地面上放一面旗子、一盏灯或一个焰火信号，第二次移动则表明了安全登陆的方向。

OR

OR

K: ■━━━●━━━■
用光或音响发出的莫尔斯代码。

S: ●●●
用光或音响发出的莫尔斯代码。

R: ●━━━●━━━●
在当前航向的右侧登陆。

L: ●━━━●●●
在当前航向的左侧登陆。

## 地对空信号

注意：使用国际信号代码时，应使用灯光或旗子，或在甲板或地面上放置与背景反差较大的标志。

| 信息 | ICAO/IMO 视觉信号 |
|------|------------------|
| 需要救助 | V |
| 需要医疗救助 | X |
| 不或否定 | N |
| 是或肯定 | Y |
| 朝此方向前进 | ↑ |

## 空对地回复

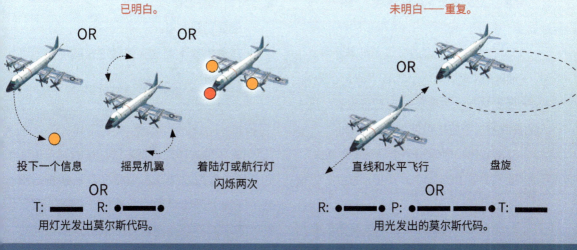

已明白。

OR      OR

投下一个信息      摇晃机翼      着陆灯或航行灯闪烁两次

OR

T: ▬▬▬    R: ●▬●

用灯光发出莫尔斯代码。

未明白——重复。

OR

直线和水平飞行      盘旋

OR

R: ●▬●    P: ●▬▬●    T: ▬▬▬

用光发出的莫尔斯代码。

## 地对空回复

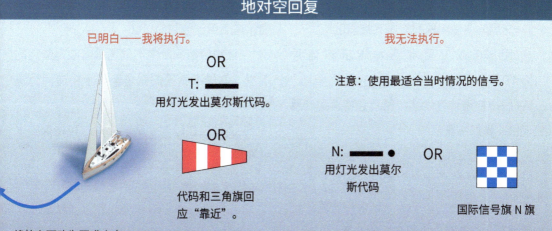

已明白——我将执行。

OR

T: ▬▬▬

用灯光发出莫尔斯代码。

OR

代码和三角旗回应"靠近"。

将航向更改为要求方向。

我无法执行。

注意：使用最适合当时情况的信号。

N: ▬▬● 

用灯光发出莫尔斯代码

OR

国际信号旗 N 旗

### 人员落水

这是每个水手最糟糕的噩梦，预防绝对比解决好。把身体系在船上是很好的第一步，所以当船上有任何不稳定运动的危险时，应该使用安全绳。记住，如果你在晚上或天气不好的时候从船上落水，你很有可能不会被人发现，所以要定期进行人员落水演练，然后记住：挂上安全绳。演练的基本组成部分如下：

#### 停船—发出警报—定位遇险人员

如果有人落水，请遵循以下标准步骤：

• 通过喊"人员落水（MOB）"来发出警报。

• 至少让一个人看着并指着遇险者。这个人至关重要，不应该再做其他任何事。

• 立即抛出小浮标和两个马蹄形浮板。

• 按下GPS上的"MOB"按钮，然后按下"确认（ENTER）"按钮。

• 检查船侧是否有绳索，然后启动引擎。

• 启动搜救操作（参见下一节）。

• 在黑暗中使用探照灯照亮搜索区域。

• 用VHF或卫星电话发送求救信号（MAYDAY）。

• 假设在温带气候区，遇险者将遭受低温症，为此做好准备。

#### 如果你落水了怎么办

• 引用那本著名的书——《保持冷静》。恐慌会在大海杀死你之前先把你吓死。

• 给你的救生衣充气。

• 拉一下栓扣，把灯打开。

• 如果喷溅的海浪导致呼吸困难，把防溅面罩拉到头上。

• 确定船的位置，但不要游向它。

• 找到任何从船上抛出的救援装备，如小浮标或马蹄浮板，如果可能的话，游向它。

• 使用哨子发出声音信号，这是你所拥有的最物有所值的救生装备。哨声比呼喊更容易被听到，而且费力少。

• 不要耗费能量。

• 在救生衣下面交叉双臂放在胸前，尽可能保持身体的温暖。

#### 从水中救援意识不清的遇险者

• 有各种各样的救援方法，从抛掷救生环到使用帆作为支架，利用桅杆升帆索将遇险者吊回船上。如果你的船有一个尾板，那么鼓励落水人员游到船尾，把他们从尾板处拉上来。无论你采用哪种方式，都要事先练习，确保其适用于你的船。

• 让前甲板到水中帮助遇险者应是最后的选择。你最不希望的就是造成水中有两个遇险人员！

• 确保拉遇险者回到船上时尽可能保持水平姿势。

练习可以挽救生命——也许就是你自己！

如果你计划离岸航行，那么作为安全简报的一部分，船员们应该全面了解人员落水的常规程序。这个程序可以通过在没有任何警告的情况下扔出碰球来付诸实践，假设它是船长，在船员学习如何捡回碰球时，船长就应退出来监控进度。

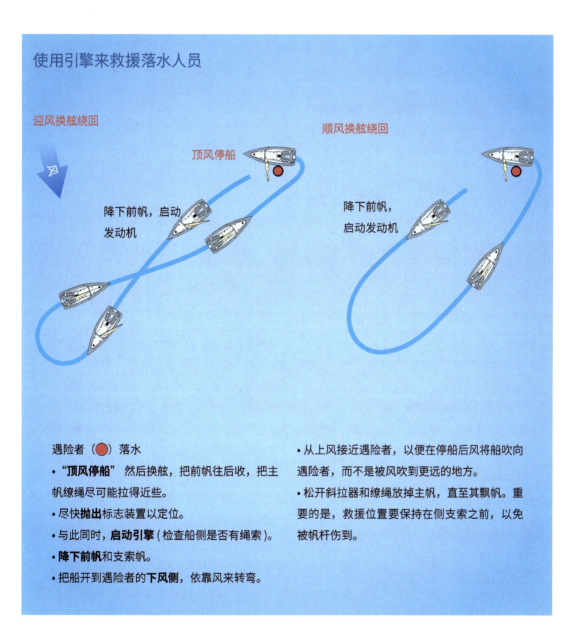

## 使用引擎来救援落水人员

迎风换舷绕回

顺风换舷绕回

顶风停船

降下前帆，启动发动机

降下前帆，启动发动机

遇险者（🔴）落水
- "**顶风停船**"然后换舷，把前帆往后收，把主帆缭绳尽可能拉近些。
- 尽快**抛出**标志装置以定位。
- 与此同时，**启动引擎**(检查船侧是否有绳索)。
- **降下前帆**和支索帆。
- 把船开到遇险者的**下风侧**，依靠风来转弯。

- 从上风接近遇险者，以便在停船后风将船吹向遇险者，而不是被风吹到更远的地方。
- 松开斜拉器和缭绳放掉主帆，直至其飘帆。重要的是，救援位置要保持在侧支索之前，以免被帆杆伤到。

## 帆动力下救援落水人员

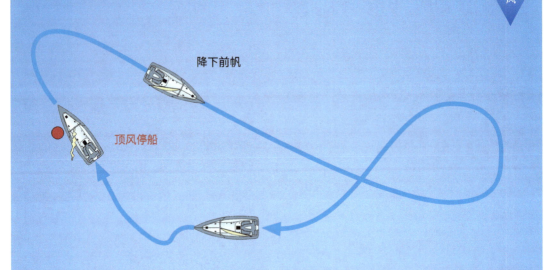

风

降下前帆

顶风停船

遇险者（🔴）落水

•"顶风停船"然后换舷，把前帆往后收，把主帆缭绳尽可能拉得近些。

•尽快抛出标志装置以定位。

•使船处于正横风，如果风力足以在单独使用主帆时保持航行状态，则降下前帆。

•给自己在海上留出操作和转向的足够空间，但不要让伤员离开视线范围。

•向下风侧驶出足够远的距离，以便在你接近伤员时能跑一个很好的横风。这会使你保持控制，还会易于主帆失去动力而停下。

•直冲着遇险者。如果通过释放主帆缭绳可以使主帆完全失去动力，那么船就可以停下来。如果不能，那么在3倍船长处急速顺偏闪避，再次直冲着遇险人员，看看主帆能不能卸掉动力。如果可以，那么就可以开始以理想方式横风接近遇险者了。

•以横风接近遇险者，在最后阶段松掉缭绳。当你减速时，偏航将增大。

•从船的下风侧救起遇险者。

## 升着球帆时的MOB救援步骤

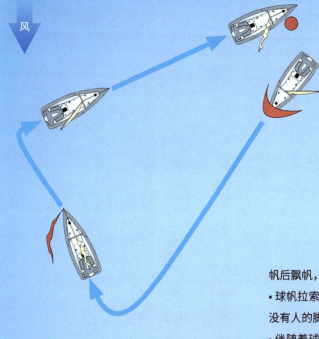

风

遇险者（🔴）落水

• 尽快抛出标志装置以定位。

• 指派一个人，最好是两个人去观察遇险者。此时，船将以每两分钟半海里的速度驶离遇险者，因此反应速度至关重要。向上风偏转至迎风航行，但不要换舷。

• 当船回到迎风航行时，球帆拉索在动。球帆杆会打在前支索上，所以球帆拉索应该以一种可控制的方式放出去直到这种情况发生，然后就可以完全放掉了。

• 球帆下风缭绳必须能够自由运行。使得球帆在主帆后飘帆，这样也能降低船驶向迎风的动力。

• 球帆拉索和下风缭绳会释放得很快，所以要确保没有人的脚被绳圈困住。

• 伴随着球帆飘帆的拍打声，船几乎会停止航行，指着遇险者的人必须保持注意力集中。

• 拉动下风索，通过主帆底边空隙收起球帆，让船只升着主帆。

• 如果条件不允许进行上述操作，则只需松开球帆升帆索，然后松下拉索和缭绳，让球帆及其相关的绳索脱落。与失去一个人相比，失去一面帆是微不足道的。

• 主帆由主帆缭绳控制。

• 检查水中是否有绳索。

• 启动引擎。

• 转向。

• 以横风接近遇险者，并从下风侧将其救起，在最后一段卸掉主帆的动力。关于这一点，请参阅"使用引擎"一节 (193 页 )。

# 术语

**A**

| | | |
|---|---|---|
| 1 | ABACK – When the headsail is sheeted to the windward side and the yacht is hove-to. | 顶风——当前帆缭绳拉向迎风一侧,且船顶风停住时。 |
| 2 | ABAFT – Behind or towards the stern. | 在后——在船尾之后或朝向船尾。 |
| 3 | ABEAM – At right angles to the boat. | 正横——与船成直角。 |
| 4 | ABOUT – To go about is to tack the yacht through the wind. | 转向——'去转向'就是指让船迎风换舷。 |
| 5 | ADMIRALTY STOPPER KNOT – A permanent stopper knot. | 止索结——永久性的止动绳结。 |
| 6 | AFT – See Abaft. | 在后——见ABAFT。 |
| 7 | AIRFLOW – Flow of air across the sails. | 气流——绕过帆的气流。 |
| 8 | ALTO – Middle-level cloud base. | 中层——中层云的云底。 |
| 9 | ALTOCUMULUS – Middle-level cloud. | 高积云——中层云的一种。 |
| 10 | ALTOSTRATUS – Middle-level cloud. | 高层云——中层云的一种。 |
| 11 | AMIDSHIPS – Centre of the boat. | 船舯——船的中部。 |
| 12 | ANCHOR – Device to moor the yacht in open water on the end of a line. | 锚——在绳子尾部固定的在开放水域锚定船的装置。 |
| 13 | ANEMOMETER – Instrument to measure wind speed. | 风速仪——测量风速的仪器。 |
| 14 | ANTICYCLONE – Meteorological term describing area of high pressure. | 反气旋——描述高压区域的气象术语。 |
| 15 | APPARENT WIND – The wind experienced by a moving boat. If the boat is stationary, the apparent wind is the same as the true wind. If the boat is moving towards the wind, the apparent wind is greater than the true wind. If the boat is moving away from the wind, the apparent wind is less than the true wind. | 视风——移动中的船所感受到的风。如果船静止不动,则视风与真风一致。如果船迎着风移动,则视风大于真风。如果船顺风移动,则视风小于真风。 |
| 16 | ASPECT RATIO – The aspect ratio of a sail is its height compared to its width. Hence, a high aspect ratio mainsail refers to a tall narrow shape. | 展弦比——帆的展弦比是其高度相对于宽度之比。因此,高展弦比主帆指的是高而窄的帆。 |

| | | |
|---|---|---|
| 17 | ASYMMETRIC SPINNAKER – Downwind sail with a fixed luff, which is tacked or gybed like a jib. | 不对称球帆——跑顺风用的帆,前缘是固定的,像前帆一样迎风转换舷或顺风换舷。 |
| 18 | ATHWARTSHIPS – From one side of the vessel to the other. | 横向——从船的一侧到另一侧。 |

**B**

| | | |
|---|---|---|
| 19 | BACKING THE JIB – Setting the jib on the weather side to encourage the boat to bear away. | 反拉前帆——将前帆拉到上风一侧以帮助船顺风偏转。 |
| 20 | BACKWIND – When the airflow across the jib causes the mainsail to flutter. | 反受风——当流过前帆的气流导致主帆飘帆时。 |
| 21 | BAILER – Scoop to remove water from inside the boat. | 瓢——舀除船内的水。 |
| 22 | BALANCE – Reference to relative balance between the hydrostatic lift on the hull and the central point of the rig. This is measured by the degree of weight or pressure on the tiller, giving weather helm when too heavy and the boat wants to point up, and lee helm when too light and the boat wants to bear away. | 平衡——指的是船体的流体静升力与帆具受力中心间的相对平衡。这是通过舵柄感受到的力量大小来衡量的,当舵太重且船要迎风偏转时,用上风舵,当舵很轻船要顺风偏转时,用下风舵。 |
| 23 | BATTEN – Flexible strip of wood or reinforced resin to stiffen the leech of the sail. | 帆骨——柔软的木条或强力树脂,用以加固帆的后缘。 |
| 24 | BEAM – Mid part of the boat, or measurement of maximum width of the hull. | 船宽——船的中间部位,或者是测得的最大船体宽度。 |
| 25 | BEAM REACH – Sailing with the wind directly abeam. | 正横风——正横风航行。 |
| 26 | BEAR AWAY – To turn the bows away from the wind. | 顺风偏转——转动使船头离开风。 |
| 27 | BEARING – Compass direction. | 方位——罗经上的方向。 |
| 28 | BEAT – The close-hauled, zigzag course to windward. | 迎风航段——近迎风,迎风行驶的之字形航线。 |
| 29 | BEATING – Sailing close-hauled to windward. | 迎风行驶——近迎风航行。 |
| 30 | BEAUFORT SCALE – Scale of wind speeds devised by Admiral Sir Francis Beaufort. | 蒲福风级——海军上将Francis Beaufort设计的风速分级。 |
| 31 | BECKET – A second eye or attachment point in a pulley block. | 环索——滑轮组上的第二个眼或接合点。 |
| 32 | BERMUDA RIG – Single-masted sail plan with tall, triangular mainsail. | 百慕大帆具——带有高三角主帆的单桅帆装。 |

| 33 | BIGHT – An open loop in a rope. | 绳圈——有开口的绳圈。 |
|----|--------------------------------|---------------------|
| 34 | BLOCK – A pulley. | 滑轮——滑轮总成。 |
| 35 | BLOCK AND TACKLE – A multi-purchase pulley system. | 滑轮组——多线程滑轮组系统。 |
| 36 | BOLT ROPE – Rope sewn or enclosed in the luff of the mainsail. | 前帆边绳——缝在或封套在主帆前缘里的绳子。 |
| 37 | BOOM – Spar attached to the foot of the mainsail – and sometimes the jib. | 帆杆——连接在主帆底边的杆具——有时前帆底边也带有帆杆。 |
| 38 | BOOM VANG – Multi-purchase system or lever, also known as a kicking strap, to prevent the boom from rising and to control the shape of the mainsail. | 帆杆斜拉器——多组合的滑轮系统或杠杆,也被称作斜拉带,用来阻止帆杆上移及控制主帆帆形。 |
| 39 | BOTTLE SCREW – Screw system used to tension rigging. | 花兰螺栓——用于张紧索具的螺丝系统。 |
| 40 | BOW – Front end of the boat. | 船头——船的前端。 |
| 41 | BOWLINE – A knot used to tie a loop into the end of a rope. | 单套结——用来将绳子末端系一个绳圈的绳结。 |
| 42 | BOWSPRIT – Spar that extends forward of the bow to support an asymmetric spinnaker. | 船首撑杆——船头延伸出的支撑不对称球帆的杆具。 |
| 43 | BREAKWATER – Small upstanding ledge or coaming across the foredeck to deflect water. | 挡浪板——从前甲板一边到另一边的小的直立横档或围板,用来挡水。 |
| 44 | BROACH – When a yacht slews out of control broadside to the wind and sea. | 侧滚——当船不受控制地向风和海浪一侧倾斜时。 |
| 45 | BROAD REACH – Point of sail when wind is abaft the beam. | 后横风(大角度横风)——风从船正横后处吹来时的航向点。 |
| 46 | BULKHEAD – Transverse partition within the boat. | 舱壁——船内的横向隔板。 |
| 47 | BULLSEYE – Wooden block or thimble with a hole drilled through it to take a rope to act as a block or stopper. | 牛眼——把钻了孔的木块或套管用绳子穿过,用作止动块或塞子。 |
| 48 | BUNG – Plug to block a drainage hole. | 塞子——堵住排水孔的塞子。 |
| 49 | BUOY – Floating racing mark or navigation mark. | 浮标——漂浮的竞赛标志或导航标志。 |
| 50 | BUOYANCY – Power to float, having a density less than water. | 浮物——能漂浮在水面上,密度小于水。 |
| 51 | BUOYANCY BAGS/TANKS – Built-in buoyancy to support the boat in the event of a capsize. | 浮力袋/箱——内置浮物,以在翻船时将船浮上来。 |
| 52 | BURGEE – Small flag flown from the masthead. | 三角旗——在桅顶飘扬的小旗子。 |

| 53 | BUTTHOIST – The car to which the butts (mast end) of the spinnaker poles are fixed when in use. | 球帆杆根部滑座——使用时固定球帆杆端部（在桅杆上）的滑车。 |

 **C**

| 54 | CAMBER – Curvature of a sail. | 弧度——帆的曲率。 |
| 55 | CAM CLEAT – Cleat with two spring-load cams to hold a rope. | 棘轮夹绳器——带有两个弹簧凸轮以固定绳子的夹绳器。 |
| 56 | CAPSIZE – Point when the mast of a sailboat touches the water. | 翻船——帆船桅杆触碰水面的时刻。 |
| 57 | CATAMARAN – Twin-hulled vessel. | 双体船——两个船体的船。 |
| 58 | CENTREBOARD – Retractable keel that limits leeway and the sideways force of the sails. | 稳向板——可调节龙骨，能抵抗帆的横移力和侧向力。 |
| 59 | CENTRE OF BUOYANCY – Point where the buoyant force of water acts on the hull. | 浮心——浮力作用在船体上的位置。 |
| 60 | CENTRE OF EFFORT – Point where the force of wind acts on the rig. | 风压中心——风力作用在帆具上的位置。 |
| 61 | CENTRE OF PRESSURE – Point where the side force of wind acts on the hull. | 压力中心——风的侧向力作用在船体上的位置。 |
| 62 | CHAIN PLATE – Hull or deck fitting to which the shroud is attached. | 支索拉板——侧支索连接到船体或甲板上的部分。 |
| 63 | CHART – Map of the sea. | 海图 |
| 64 | CHINE – Line or crease in the hull. A hull built from flat sheets of plywood is known as a hard chine boat. | 舭缘线——船体上的线条或纹路。由平的胶合板建造的船被称为硬脊船。 |
| 65 | CHINESE GYBE – Involuntary crash gybe. | 意外顺风换舷——非自愿的急速顺风换舷。 |
| 66 | CHORD DEPTH – Maximum depth of an aerofoil section. | 弦深——翼型截面的最大深度。 |
| 67 | CIRROCUMULUS – High-level cloud. | 卷积云——高层云的一种。 |
| 68 | CIRROSTRATUS – High-level cloud with little form. | 卷层云——小型高层云。 |
| 69 | CIRRUS – High-level cloud. | 卷云——高层云的一种。 |
| 70 | CLAM CLEAT – Cleat with no moving parts that secures rope within its grooved, V-shaped body. | V型夹绳器——不带有活动部件的夹绳器，在其开槽、V形结构上固定绳索。 |

| 71 | CLEAR ASTERN / CLEAR AHEAD – One boat is clear astern of another when her hull and equipment in normal position are behind a line abeam from the after most point of the other boat's hull and equipment in normal position. The other boat is clear ahead. | 明显在后/明显在前——当一条船的船体和其处于正常位置的装备位于另一条船船体和其处于正常位置的装备的最后一点的正横线之后,该船尾明显在后。另一条船为明显在前。 |
|----|----|----|
| 72 | CLEAT – Fitting designed to hold a rope under tension without the use of a knot or hitch. | 羊角——为了在不使用绳结或索结的情况下固定受力绳索所设计的配件。 |
| 73 | CLEVIS PIN – Pin that closes the fork of a rigging screw. | 销钉——闭合索具螺母开叉的销子。 |
| 74 | CLEW – Lower, aft corner of a sail. | 帆后角——帆的较低的、后面的角。 |
| 75 | CLEW OUTHAUL – Adjustor to change tension on the clew, and shape of the sail. | 帆角后拉索——用来改变帆后角张力及调整帆形。 |
| 76 | CLINKER CONSTRUCTION – Traditional form of hull construction where the planks overlap each other. | 叠接式结构——船板相互叠压的传统船体建造方式。 |
| 77 | CLOSE-HAULED – Point of sailing closest to wind. | 近迎风——最接近迎风行驶的位置。 |
| 78 | CLOSE REACH – Point of sailing midway between close-hauled and a beam reach. | 后迎风 (近横风) ——在近迎风和正横风中间行驶的位置。 |
| 79 | CLOVE HITCH – Common knot or hitch used to tie a rope to a ring or rail. | 丁香结——用来将绳子固定到索环或护栏上的普通绳结或索结。 |
| 80 | COAMING – Small upstanding ledge or breakwater across or around the deck to deflect water. | 围板——从前甲板一边到另一边或在前甲板周围的小的直立横档或挡浪板,用来挡水。 |
| 81 | COCKPIT – Area of the yacht where helm and crew operate the boat. | 驾驶舱——舵手和船员在船上操控船的区域。 |
| 82 | COMPASS – Navigation instrument that points to the magnetic north pole. | 罗经——指向磁北极的导航仪。 |
| 83 | CRINGLE – Metal eye or attachment point in each corner of the sail. | 索眼——帆的每个角上的金属眼或附着点。 |
| 84 | CUMULONIMBUS – Low-level rain cloud. | 积雨云——低层雨云。 |
| 85 | CUMULUS – Low-level cloud. | 积云——低层云。 |
| 86 | CUNNINGHAM HOLE – Cringle in luff to attach a purchase to flatten the sail. | 下拉索孔——前缘上的索眼,能够拉住以使帆展平。 |
| 87 | CURRENT – A stream of water. | 水流——水中的一股流。 |

## D

| 88 | DACRON – American name for man-made sail material named polyester in Europe. | 涤纶——人造帆料的美国名称, 在欧洲被称为聚酯。 |
|---|---|---|
| 89 | DEAD RUN – Sailing dead downwind. | 正尾风——正顺风航行。 |
| 90 | DEPRESSION – Meteorological term for an area of low pressure. | 低压区——低气压区域的气象术语。 |
| 91 | DEVIATION – Compass error influenced by magnetic materials nearby. | 罗经自差——受周围磁性材料影响的罗经误差。 |
| 92 | DINGHY – Small open boat without a fixed keel. | 小艇——小型、开放且没有固定龙骨的船。 |
| 93 | DIRTY WIND – Disturbed wind or wind shadow effect from another sailboat to windward. | 干扰风——受到干扰的风或受到上风帆船的风影效果的影响。 |
| 94 | DISPLACEMENT – Volume/weight that a hull displaces in water. | 排水量——船体在水中替代出来的水的体积/重量。 |
| 95 | DOWNHAUL – Rope or purchase used to tension the tack of a sail or Cunningham, or to hold down the spinnaker pole. | 下拉索——用来拉紧帆前角或下曳索, 或向下拉住球帆杆的绳索。 |
| 96 | DOWNWIND – Sailing in the same direction as the wind. | 顺风——与风相同方向航行。 |

## E

| 97 | EASE – To slacken a rope or let a sheet out. | 松绳——松开绳索或放开缭绳。 |
|---|---|---|
| 98 | EBB – Outgoing tide or flow. | 退潮流——退去的潮水或水流。 |
| 99 | EDDIES – Area of reverse or back-running current. | 逆流——逆向或反向水流的区域。 |

## F

| 100 | FAIRLEAD – A fixed lead to guide a rope or sheet and prevent chafe. | 导缆器——导引绳索或缆绳的固定引导装置, 并能防止摩擦。 |
|---|---|---|
| 101 | FAIRWAY – Main navigable channel. | 航路——主航道。 |
| 102 | FAIR WIND – Wind direction that allows a boat to sail from A to B without tacking. | 惠风——船从A驶往B无需换舷的风向。 |
| 103 | FATHOM – Nautical unit of measure equal to 6ft (1.828m). | 英寻——航海度量单位, 等于6英尺 (1.828米)。 |

| 104 | FENDER – Portable cushion or inflatable bladder to protect the hull from rubbing against another boat or a pontoon. | 碰球——便携式的垫子或可充气气囊,可防止船体与另一条船或码头摩擦。 |
| 105 | FETCH – Straight course sailed to windward without tacking. | 飞驰——驶向迎风无需换舷的直线航线。 |
| 106 | FIGURE-OF-EIGHT KNOT – Stopper knot. | 8字结——防松绳结。 |
| 107 | FLOOD TIDE – A rising tide. | 涨潮——上涨的潮水。 |
| 108 | FOILS – Collective term for keel, centreboard/daggerboard and rudder. | 翼型部件——龙骨、稳向板/摇摆式龙骨和舵的统称。 |
| 109 | FOLLOWING WIND – Opposite of headwind, when the wind comes from astern. | 顺风——与顶风相反,风从船尾来时。 |
| 110 | FORESAIL – Jib or headstay. | 前帆——前帆或前支索帆。 |
| 111 | FORESTAY – Forward stay supporting the mast. | 前支索——支撑桅杆的前面的支索。 |
| 112 | FOTHERING – The process of stuffing anything that comes to hand (e.g. sleeping bags) into a hole in the boat to stop water ingress. | 堵漏——将手边的东西(例如睡袋)塞入漏水的洞以防止进水的操作。 |
| 113 | FREEBOARD – Height of a boat's side above the water. | 干舷——船侧边水面以上的高度。 |
| 114 | FRONT – Meteorological term describing a distinct line of weather – cold front, warm front, etc. | 锋面——气象术语,用来描述不同的天气——冷锋、暖锋等。 |
| 115 | FURL – To gather up or reef a sail in an orderly manner. | 卷帆——整齐有序地收起或卷起帆。 |

Ⓖ

| 116 | GAFF – Spar supporting the top of a traditional four-sided mainsail – gaff rig. | 斜桁——支撑传统四角主帆帆顶的杆具——斜桁索具。 |
| 117 | GEL COAT – The smooth waterproof outer resin coating of a fibre-reinforced moulded hull and deck. | 胶衣——模制船体和甲板表面的一层光滑防水的外部树脂涂层。 |
| 118 | GENOA – Large headsail that overlaps the mainsail. | 大三角帆——大前帆,与主帆重叠。 |
| 119 | GO ABOUT – To tack through the eye of the wind. | 去转向——越过风眼迎风换舷。 |
| 120 | GOOSENECK – Double-hinged fitting to attach the boom to the mast. | 鹅颈座——将帆杆连接到桅杆上的双铰配件。 |

| 121 | GOOSE-WINGED – Running before the wind with mainsail set on one side and jib 'goose- winged' out on the other. | 蝴蝶帆——正尾风行驶，主帆和前帆分别在两侧呈翼展状。 |
| 122 | GPS – Satellite-based global positioning system. | GPS——基于卫星的全球定位系统。 |
| 123 | GRADIENT WIND – Meteorological term caused by changes in barometric pressure. The greater the change in pressure, the steeper the gradient. | 梯度风——气象术语，由大气压力变化而产生。压力变化越大，梯度越大。 |
| 124 | GRP – Glass reinforced plastic. | 玻璃钢——玻璃纤维增强塑料。 |
| 125 | GUDGEON – Female part of a pair of rudder hangings into which the male pintle fits. | 舵枢——固定一对舵针的那一部分。 |
| 126 | GUNTER RIG – Traditional high-aspect mainsail with gaff that extends almost vertically up from the mast. | 顶桅帆装——传统的高纵横比主帆，带有几乎从桅杆垂直延伸出来的斜桁。 |
| 127 | GUNWALE – Outer strengthening piece around the top of the hull. | 舷缘——环绕船体顶部的加固边。 |
| 128 | GUY – Windward spinnaker sheet or boom restrainer. | 球缭——球帆的上风侧缭绳或帆杆限制绳。 |
| 129 | GYBE – Controlled form of tacking downwind when the transom passes through the eye of the wind and the boom flies across from one side to the other. | 顺风换舷——当船尾越过风眼，且帆杆从一侧换向另一侧时的顺风方向上换舷的控制方式。 |

**H**

| 130 | HALF HITCH – Temporary knot to attach a rope to a rail. | 半结——将绳子拴到护栏上的临时性绳结。 |
| 131 | HALYARD – Rope or wire line to hoist sails up the mast. | 升帆索——将帆升到桅杆上的绳索。 |
| 132 | HANK – Clip to attach luff or sail to a stay. | 帆边挂钩——将帆前缘或帆连接到支索上的挂钩。 |
| 133 | HARD CHINE – Line where the flat sheets used to construct a hull meet. | 尖舭——用来建造船体的平板相交的线。 |
| 134 | HARDEN UP – To point closer to wind. | 拉紧帆向上风顶——向上风顶一点。 |
| 135 | HEAD – Top corner of a sail. | 帆顶——帆的上角。 |
| 136 | HEADBOARD – Reinforced top corner of a mainsail. | 帆顶板——加固的主帆顶角。 |
| 137 | HEADING –Direction that a boat is taking. | 航向——船航进的方向。 |
| 138 | HEADSAIL –Jib or geona. | 前帆——前帆或大三角帆。 |

| 139 | HEADSTAY –Forward stay supporting the mast. | 前支索——支撑桅杆的前面的支索。 |
|---|---|---|
| 140 | HEAD TO WIND – Boat facing directly into wind – the no-go zone. | 正顶风——船头与风向正对——无风区。 |
| 141 | HEAD UP – Sailing closer to the wind. | 顶风——向上风顶一点航行。 |
| 142 | HEAVE TO – To bring the boat to a halt, by backing the jib, putting the rudder down and letting the mainsail fly. | 顶风停船——通过把前帆拉到上风侧，推舵，让主帆飘帆，以使船停下。 |
| 143 | HEEL – Bottom end of the mast. The sideways tilt of a sailing boat. | 桅脚/侧倾——桅杆的底部。帆船的侧向倾斜。 |
| 144 | HELM – Rudder. Also short for helmsman or helmsperson. | 舵——舵叶。也是掌舵的人的简称。 |
| 145 | HIKE – To sit out and counter the heeling force of the wind. | 压舷——将身体坐向船外以抵消风的侧倾力。 |
| 146 | HITCH – Type of knot for attaching a rope to a rail or hoop. | 系结——将绳子拴到护栏或环圈上的一种绳结。 |
| 147 | HOIST – Vertical dimension of a sail or flag. | 升（帆/旗）——帆或旗垂直升起。 |
| 148 | HOUNDS – Where the shrouds connect to the mast. | 侧支索挂点（狗圈）——侧支索连接到桅杆的部位。 |
| 149 | HOVE TO – See Heave to. | 顶风停船——见顶风停船。 |

## I

| 150 | IMMINENT – Meteorological term for change in weather within six hours. | 6小时预报——气象术语，6小时内的天气变化。 |
|---|---|---|
| 151 | INGLEFIELD CLIPS – Interlocking C-shaped clips used to attach signal flags, and sometimes a spinnaker, to a halyard. | 布鲁梅尔快挂——联锁的C形夹子，用来将信号旗，有时是球帆连接到升帆索上。 |
| 152 | IN IRONS – Term used when a sailboat is caught head to wind within the no-go zone. | 顶风失速——术语，用在帆船被正顶风困住，进入滞航区时的状态。 |
| 153 | ISOBAR – Meteorological term for line on weather map linking points of equal atmospheric pressure. | 等压线——气象术语，天气图上连接相等气压点的线。 |

## J

| 154 | JACKSTAY – A strong webbing strap running the length of the boat on each side. By clipping the lifeline to this, it ensures that Jack stays on the boat. | 安全挂索——结实的织带，与船等长，两侧各一根。通过将安全绳钩挂在此，能够保证船员不落水。 |

| | | |
|---|---|---|
| 155 | JIB – Small headsail. | 前帆——小的前帆。 |
| 156 | JIB SHEETS – Ropes controlling the set of the jib. | 前帆缭绳——控制前帆的绳索。 |
| 157 | JIB STICK – Pole to goose-wing the jib from when sailing dead downwind. Also known as a whisker pole. | 前帆撑杆——跑蝴蝶帆时的撑杆。 |
| 158 | JOCKEY POLE – Short pole used to hold the spinnaker guy away from the stanchions, and to give a better mechanical angle to the guy to hold the spinnaker pole off the forestay when it is far forward. | 外撑杆——一个用于支开球帆杆的短杆，这样可以给一个更好的受力角度让球帆杆远离前支索。 |
| 159 | JUMPER STAY – Stay on the foreside of the mast to prevent the spar from bending forward. | 钻石支索——桅杆前侧的支索，以防止杆具前拱。 |

**K**

| | | |
|---|---|---|
| 160 | KEDGE – Light, temporary anchor to hold the boat against an adverse tidal stream. | 小锚——轻便的、临时性的锚，用于顶住潮汐流。 |
| 161 | KICKING STRAP – Multi-purchase system or lever, also known as a vang, to prevent the boom from rising and control the shape of the mainsail. | 斜拉带——多组合滑轮系统或杠杆，也被称为斜拉器，作用是防止帆杆抬起及控制主帆帆型。 |
| 162 | KITE – Abbreviation for spinnaker. | 风筝——球帆的俗称。 |
| 163 | KNOT – Nautical mile per hour (1 nautical mile equals 1.15 statute miles or 1,852m). Also refers to a rope tie. | 节——海里/时（1海里等于1.15法定英里或1852米）。也指绳结。 |
| 164 | KNUCKLE – Sharp longitudinal line of distortion within the hull. | 纵折线——船体内部变形的凸起纵向线。 |

**L**

| | | |
|---|---|---|
| 165 | LAND BREEZE – Offshore wind, opposite to a sea breeze, that develops when the temperature of the sea is higher than the land. | 陆地风——当海水温度高于陆地温度时形成的与海风方向相反的离岸风。 |
| 166 | LANYARD – Short length of cord used as a safety line. | 挂索——用作安全绳的短绳。 |
| 167 | LATERAL RESISTANCE – Ability of a boat to resist leeway or sideways force of the wind. | 横向阻力——船抵抗风的侧向力或横倾力的能力。 |
| 168 | LEAD – The direction that a rope is led. | 绳路径——绳索的走向。 |
| 169 | LEE – Opposite to windward. The side away from the wind. | 下风——与上风相反。离开风的那一侧。 |

| 170 | LEE BOW – Sailing on a tack where the tidal stream carries the boat towards the wind. | 顺压流——舷风行驶时,潮流带着船向上风一侧走。 |
|---|---|---|
| 171 | LEECH – Trailing edge of a sail. | 后缘——帆的后边缘。 |
| 172 | LEE HELM – A sailing boat, which requires its tiller to be pushed down to the leeward side to counter the boat's natural tendency to bear away, is said to carry 'lee helm'. This condition signifies that the rig is out of balance with the hull. | 顺偏舵——船需要将舵推向下风侧以抵消船顺风偏转的自然趋势,此时被称为"顺偏舵"。这种情况发生时说明帆具已与船体失去了平衡。 |
| 173 | LEE HO – Final warning call of helm as the tiller is pushed over to leeward during a tack. | LEE HO——迎风换舷过程中,舵柄推向下风侧时舵手发出的最后提示。 |
| 174 | LEE SHORE – Shoreline which the wind is blowing towards. | 下风岸——风吹向的海岸线。 |
| 175 | LEEWARD – Opposite of windward; away from the wind. | 下风——与上风相反;离开风的那一侧。 |
| 176 | LETTER BOX – The gap between the foot of the mainsail and the boom. | 主帆底边间隙——主帆底边与帆杆之间的缝隙。 |
| 177 | LIFEJACKET – Buoyancy vest designed to keep a nonswimmer or unconscious person floating head up. | 救生衣——为了使不会游泳的人或失去知觉的人头向上漂浮在水面上而设计的浮力背心。 |
| 178 | LIFT – A shift in the wind that swings aft. Otherwise known as a freeing wind. | 升高风摆——向后的风摆。与之相反的称为顺风风摆。 |
| 179 | LOA – Length overall. | LOA——船总长。 |
| 180 | LOOSE-FOOTED – Sail attached to a boom only by the clew and outhaul. | 开放式底边——仅通过后角和后拉索将帆连接到帆杆上。 |
| 181 | LUFF – The leading edge of a sail. | 前缘——帆的前边缘。 |
| 182 | LUFFING – When a sailboat is steered closer to the wind. | 迎风偏转——当船转向靠近风时。 |
| 183 | LUFF ROPE – Rope sewn or enclosed in the luff of the mainsail. Also known as bolt rope. | 帆前边索——缝在或包在主帆前缘里的绳子。也被称为帆边绳。 |
| 184 | LWL – Load waterline or length of waterline. | LWL——载重水线或水线长度。 |

**M**

| 185 | MAGNETIC NORTH – Compass heading. | 磁北——罗经指向。 |
|---|---|---|
| 186 | MAGNETIC VARIATION – Difference in angle between True North and Magnetic North. | 磁差——真北与磁北之间的角度差。 |
| 187 | MAINSAIL – Principal sail set on a mast. | 主帆——张挂在桅杆上的主要的帆。 |

| | | |
|---|---|---|
| 188 | MAINSHEET – Rope attached to the boom to trim the mainsail. | 主帆缭绳——连接在帆杆上的绳索,用于调节主帆。 |
| 189 | MAMMA – Dark low-level rain cloud with udder-like shape. | 乳状云——深色的低层雨云,呈乳房状。 |
| 190 | MARLING HITCH – Line of linked knots tying sail to a spar. | 拖木结——将帆绑到杆具上的连接绳结。 |
| 191 | MAST – A spar going straight up from the deck, used to attach sail and boom. | 桅杆——从甲板上竖起来的杆具,用来连接帆和帆杆。 |
| 192 | MILLIBAR – Meteorological term for unit of pressure equal to 1/1000th of a bar. | 毫巴——压强单位的气象术语,等于1/1000巴。 |
| 193 | MOULD – Male or female pattern for producing a plastic hull and other mouldings. | 模具——用于生产塑料船体的公模或母模及其他模具。 |
| 194 | MULTIHULL – Generic term for a catamaran or trimaran. | 多体船——双体船或三体船的总称。 |
| 195 | MYLAR – Polyester film used in the manufacture of sails. | 玛拉——用于制造帆的聚酯薄膜。 |

## N

| | | |
|---|---|---|
| 196 | NAUTICAL MILE – 1 nautical mile equals 1.15 statute miles or 1,852m. | 海里——1海里等于1.15法定英里或1852米。 |
| 197 | NEAP TIDES – Tides with the smallest rise and fall. Opposite of spring tides. | 小潮——潮差最小的潮期。与大潮相对而言。 |
| 198 | NIMBO – Rain cloud. | 小雨云——雨云的一种。 |
| 199 | NIMBOSTRATUS – Middle-level rain cloud. | 雨层云——低层积雨云。 |
| 200 | NO-GO ZONE – Area 40° either side of the direction of the wind, which you can't sail towards. | 滞航区——风向两侧各40°内的区域,此区域内无法驶帆航行。 |

## O

| | | |
|---|---|---|
| 201 | OBSTRUCTION – An object that a boat cannot pass without changing course substantially to avoid it, e.g. the shore, perceived underwater dangers or shallows. | 障碍物——船不改变航线躲避就无法通过的物体,例如:岸边、水下危险物或浅滩。 |
| 202 | OCCLUDED FRONT – Meteorological term to describe when a cold front overtakes a warm front. | 锢囚锋——气象术语,用于描述冷锋超越暖锋时。 |

| 203 | OFFSHORE WIND – Wind blowing seaward off the land. | 离岸风——从陆地吹向海面的风。 |
| 204 | OFF THE WIND – Sailing a course lower than a beam reach. | 顺风航行——低于正横风航线行驶。 |
| 205 | OFF WIND – Sailing in the same direction as the wind. | 正顺风——航行方向与风向一致。 |
| 206 | ONSHORE WIND – Wind blowing inland off the sea. | 向岸风——从海上吹向陆地的风。 |
| 207 | ON THE WIND – Sailing a close-hauled course. | 近迎风航行——行驶近迎风航线。 |
| 208 | OUTHAUL – Line used to stretch the clew of a sail to the end of the boom. | 后拉索——用来将后帆角拉紧到帆杆末端的绳子。 |

**P**

| 209 | PAINTER – Mooringline. | 船首缆——锚缆。 |
| 210 | PELICAN HOOK – Metal hook with a cam-action lock. | 鹅型快挂——带有凸轮锁的金属钩。 |
| 211 | PFD – Personal flotation device such as a buoyancy aid or lifejacket. | PFD——个人漂浮装置，如助浮物或救生衣。 |
| 212 | PINCH – Sailing so close to the wind that the sails start to luff and lose drive. | 迎风顶大了——太靠近风行驶以致开始飘帆、失速。 |
| 213 | PINTLE – Male part of a pair of rudder hangings that fits into the female gudgeon. | 舵针——固定舵钮的那一部分。 |
| 214 | PITCH POLE – When a boat capsizes end over end. | 前扣倾覆——当船由后向前倾覆时。 |
| 215 | PLANING – When a boat lifts its bows out of the water and, because of the reduced drag, then accelerates onto a planing attitude. | 滑行——当船头抬出水面时，由于阻力减小，因此会加速呈滑行姿态。 |
| 216 | POINTS OF SAILING – Beating, reaching and running before the wind. | 航行角度——迎风、横风、顺风等。 |
| 217 | POLED OUT – Running before the wind with mainsail set on one side and the jib poled out or 'goose-winged' on the other. | 打出蝴蝶帆——顺风航行时，主帆在一侧，前帆撑出到另一侧或"蝴蝶帆"。 |
| 218 | PORT – Left hand side of a boat. | 左舷——船的左手侧。 |
| 219 | PORT GYBE – Sailing downwind with the wind on the port side of the boat and mainsail out to starboard. This is the give-way gybe. | 顺风左舷受风——顺风航行时，风在船的左侧，主帆在右舷。此顺风舷应该避让。 |

| 220 | PORT TACK – Sailing with the wind on the port (left) side of the boat. This is the give-way tack. | 左舷受风——航行时风在船的左侧。此为应该避让的舷风。 |
| 221 | PRE-BEND – Amount of fore and aft bend set in a mast. | 预弯——桅杆上预先设置的前后弯曲量。 |
| 222 | PREVENTER – Safety line. | 防护绳——安全绳。 |
| 223 | PURCHASE – Mechanical advantage of the block and tackle or lever. | 省力滑轮组——滑轮或杠杆的机械优化组合。 |

## Q

| 224 | QUARTER – Sides of the boat aft, i.e. starboard quarter, port quarter. | 船后半舷——船舷的后半部分，例如左后舷，右后舷。 |

## R

| 225 | RACE –Fast running tide or stream. | 急流——流速很快的潮或流。 |
| 226 | RAKE – Degree that a mast leans back from vertical. | 桅杆倾角——桅杆垂直向后倾斜的角度。 |
| 227 | RATCHET BLOCK – Purchase block with an integral ratchet to lessen the load of a sheet held in the hand. | 棘齿滑轮——省力滑轮通过内置的棘齿来省掉一部分抓缭绳的拉力。 |
| 228 | REACH – Sailing course with the wind abeam. | 横风——与风向正横的航线。 |
| 229 | REACHING – Sailing with the wind abeam. | 横风行驶——与风向正横航行。 |
| 230 | REACHING HOOK – Device set close to the shrouds to run the windward spinnaker sheet or guy through. | 缭绳钩——靠近侧支索安装的装置，上风侧的球帆缭绳可从中穿过。 |
| 231 | READY ABOUT – First warning call to the crew that the helm intends to tack. | 准备换舷——舵手准备迎风换舷时给船员的第一次提示。 |
| 232 | REEF – To reduce or shorten sail. | 缩帆——减少或缩短帆。 |
| 233 | REEFING – Reducing the amount of sail area. | 缩帆——减小帆面积。。 |
| 234 | REEF KNOT – Knot joining two ropes together. | 平结——把两根绳子连接到一起的绳结。 |
| 235 | RHUMB LINE – Straight line between two points drawn on a Mercator chart. | 桓向线——墨卡托海图上两点之间的直线。 |
| 236 | RIDING TURN – When a rope or sheet crosses under itself and jams, most often around a winch. | 绳子缠绞——当绳索要绕过自己和夹绳器时，通常是绕绞盘。 |

| 237 | RIG – General term for mast, spars and sails. | 帆具——桅杆、杆具、帆的总称。 |
|---|---|---|
| 238 | RIGGING – Standing wires that hold up the mast. | 索具——支撑桅杆的纵向绳索。 |
| 239 | RIGGING SCREW – Screw to tension shrouds. Also known as a bottle screw. | 螺栓紧索器——拉紧侧支索的螺栓。也被称为花篮螺栓。 |
| 240 | RIGHT OF WAY – Term within Collision Regulations denoting a boat with rights, as opposed to a boat that must give way. | 航行权——避碰规则中的术语，指一条船具有航行权，与让路船相对。 |
| 241 | ROACH – The top curve within the leech of a mainsail. | 后缘拱曲度——主帆后缘上部向外拱出的部分。 |
| 242 | ROCKER – Fore and aft curve within the central underside sections of the boat. | 船体中纵剖线——船体中纵剖面线的下部前后弧线。 |
| 243 | ROLLER JIB – Furling headsail. | 卷动型前帆——可以卷起来的前帆。 |
| 244 | ROTATING MAST – Spar designed to rotate from port to starboard to present its best aspect to the wind. | 旋转桅杆——杆具设计得可以从左舷旋转至右舷，以最大限度地减小风阻。 |
| 245 | ROUND TURN AND TWO HALF HITCHES – Knot used to attach rope to a rail or hoop. | 旋圆双半结——用来将绳索连接到护栏或者环上的绳结。 |
| 246 | RUBBING STRAKE – A strengthening strip secured to the gunwale as a protective buffer. | 防摩擦护舷边——固定在舷缘上用作保护性缓冲的加强带。 |
| 247 | RUDDER – Moving foil to steer the boat with. | 舵——船只转向的活动翼板。 |
| 248 | RUN – Sailing dead downwind. | 尾风——正顺风行驶。 |
| 249 | RUNNING – Sailing before the wind with the sail out. | 顺风航行——张开帆顺风航行。 |
| 250 | RUNNING BY THE LEE – Sailing downwind with the mainsail set on the windward side and about to gybe. | 反舷顺风航行——在顺风航行的时候主帆位于上风侧，且马上就要顺风换舷的角度。 |
| 251 | RUNNING RIGGING – Sheets and halyards used to set and control the sails. | 活动索具——用来张挂和调整帆的缭绳和升帆索。 |

| 252 | SAIL TRIM – The position of the sails relative to the wind and desired point of sail. Sails that are not trimmed properly may not operate efficiently. Visible signs of trim are luffing, excessive heeling, and the flow of air past telltales. Also see sail shape. | 调帆角——帆相对于风和所期望的航行角度间的位置关系。没有调整到位的帆可能达不到最佳驶帆效果。可见的调帆提示信号是飘帆、过度倾斜、气流吹过风向线的状态。也可参见帆形。 |
|---|---|---|

| | | |
|---|---|---|
| 253 | SEA BREEZE -- Onshore wind opposite to a land breeze, that develops when the temperature of the land is higher than the sea. | 海风——当陆地温度高于海洋温度时产生的与陆风相反的向岸风。 |
| 254 | SEACOCK – A valve going through the hull, which can be shut from inside the boat. | 海底阀——贯穿船体的阀门，能从船内部关闭。 |
| 255 | SELF BAILER – Thru-hull bailer that, once activated, allows the bilge water to flow out when the boat is planing. | 自动排水阀——贯穿船体的排水斗，一旦启动，可以在船滑浪时排出舱底水。 |
| 256 | SEXTANT – A navigational instrument used to determine the vertical position of an object such as the sun, moon or stars. Used with celestial navigation. | 六分仪——用于确定物体（例如太阳、月亮、星星）垂直位置的导航仪器。与天文导航一起使用。 |
| 257 | SHACKLE – Metal link with screw pin to connect wires and lines. | 卸扣——带有螺钉的金属连接件，用来连接绳索。 |
| 258 | SHEAVE – The wheel within a block. | 滑轮轮子——滑轮内的轮子。 |
| 259 | SHEEPSHANK – Knot used to shorten a rope. | 缩结——用来缩短绳子的绳结。 |
| 260 | SHEET – Any rope used to adjust sail trim. | 缭绳——用来调整帆角的绳索。 |
| 261 | SHEET BEND – Knot used to join two dissimilar sized ropes together. | 接绳结——用来将两条尺寸不同的绳子连接在一起的绳结。 |
| 262 | SHOCK CORD – Elastic or bungee cord made of rubber strands. | 减震索——橡胶条制成的松紧绳或橡皮筋。 |
| 263 | SHROUDS – Wires supporting either side of the mast. | 侧支索——支撑桅杆两侧的钢缆。 |
| 264 | SLAB REEF – Method of reefing the mainsail. | 单绳缩帆——缩主帆的一种方法。 |
| 265 | SLIP HITCH – A temporary knot used to secure sails. | 活结——用于固定帆的临时结。 |
| 266 | SLIP LINE – Temporary double line with both ends made fast to the boat that can be released from onboard and pulled in. | 回头缆——临时的双缆索，两端均固定到船上，能够从船上松开一端，拉起另一端。（译者注：在船头或船尾，由一舷送出，穿过系缆桩后再从另一端拉回船上系牢。船上人手少时，能待在船上解缆而安全离开码头的一种系缆方法） |
| 267 | SLOT EFFECT – The effect a jib has in accelerating the flow of air around the back of a mainsail. | 窄缝效应——前帆加速主帆背面气流的效应。 |
| 268 | SNAP SHACKLE – Shackle with a secure locking mechanism instead of a pin. | 快挂——带有安全锁定装置而非销钉的卸扣。 |
| 269 | SPAR – General term for a mast, boom, gaff or spinnaker pole. | 杆具——桅杆、帆杆、斜桁或球帆杆的总称。 |

| 270 | SPIGOT – The male prong onto which the female mast end of the spinnaker or jockey pole fits. | 球帆杆龙头——球帆杆或者撑杆与桅杆相接的那一端的插头，可以插入桅杆上的插座。 |
|---|---|---|
| 271 | SPINNAKER – Large parachute-like downwind sail. | 球帆——像降落伞一样的大顺风帆。 |
| 272 | SPINNAKER POLE – Spar to set the spinnaker from. | 球帆杆——用于张挂球帆的杆具。 |
| 273 | SPREADER – A strut usually fitted in pairs to deflect the shrouds and control the bending characteristics of the mast. | 撑臂——通常是成对安装的撑杆，用于撑住侧支索并控制桅杆的弯曲特性。 |
| 274 | SPRING TIDE – Extreme high tide caused by the gravitational pull of the moon. | 大潮——由月球引力引起的最高潮。 |
| 275 | SQUALL – Sudden, short-lived increase in wind. | 阵风——风力突然、短暂地增强。 |
| 276 | STAND-ON-BOAT – Right of way boat. | 站位船——权利船。 |
| 277 | STARBOARD – Right hand side of the boat. | 右舷——船的右手边。 |
| 278 | STARBOARD GYBE – Sailing downwind with the wind on the starboard side of the boat and mainsail out to port. This is the right-of-way gybe. | 顺风右舷受风——顺风航行时，风在船的右侧，主帆在左舷。此顺风舷有航行权。 |
| 279 | STARBOARD TACK – Sailing with the wind on the starboard side of the boat and mainsail out to port. This is the right-of-way tack. | 右舷受风——风在船的右侧，主帆在左舷。这个舷风具有航行权。 |
| 280 | STAY – Forward mast support. | 纵向支索——桅杆前面的拉索。 |
| 281 | STEM – Forward extremity of the boat. | 船首——船的最前端。 |
| 282 | STERN – Aft extremity of the boat. | 船尾——船的最后端。 |
| 283 | STOPPER – A cleating device that holds a sheet or halyard fast. | 夹绳器——用于快速固定缭绳或升帆索的夹绳装置。 |
| 284 | STRATOCUMULUS – Low-level cloud. | 积层云——低层云的一种。 |
| 285 | STRATUS – Featureless low-level cloud. | 层云——特征不明显的低层云。 |
| 286 | STROP – A ring of rope or wire used to make up an attachment to a spar. | 环索——构成杆具附件的绳环或钢丝环。 |
| 287 | SWIVEL – Connector whose two parts rotate. | 转环——两个部件旋转的连接环。 |
| 288 | SWIVEL BLOCK – Block with a swivel joint. | 旋转滑轮——带有旋转接头的滑轮。 |

| 289 | TABERNACLE – Structure supporting a deck-stepped mast. | 桅杆折叠底座——支撑甲板安装型桅杆的结构。 |
| 290 | TACK – Lower forward corner of a sail. | 前角——帆的前下角。 |
| 291 | TACKING – To sail through the eye of the wind. | 迎风换舷——穿过风眼的航行操作。 |
| 292 | TACKLE – Multi-purchasesystem. | 滑轮组——多滑轮组合系统。 |
| 293 | TAIL – The free end of a sheet or halyard. | 绳尾——缭绳或升帆索的活动端。 |
| 294 | TALURIT – Swaged wire splice. | 压紧的钢缆端部——锻压的绳索接合处。 |
| 295 | TELLTALES – Strips of fabric or wool attached to the luff or leech of sails to indicate airflow across the sail. | 风向线——附着在前缘或后缘上指示吹向帆的气流的布料条或毛线。 |
| 296 | TIDAL STREAM – Flow of water caused by the rise and fall of tide. | 潮汐流——由潮水涨落而形成的水流。 |
| 297 | TIDE – Six-hourly rise and fall of water caused by the gravitational pull of the moon. | 潮汐——由月球引力引起的每6小时的海水涨落。 |
| 298 | TILLER – Arm of a rudder to control boat direction. | 舵柄——控制船方向的舵臂。 |
| 299 | TILLER EXTENSION – Lightweight pole with universal joint attached to the end of the tiller to allow the helm to sit outboard and steer. | 副舵柄——用万向节连接在舵柄末端的轻杆,使舵手坐在舱外时也能操控舵。 |
| 300 | TRAILING EDGE – Aft edge of a foil, i.e. sail, keel, rudder etc. | 后缘——翼板(如:帆、龙骨、舵等)的后边缘。 |
| 301 | TRAINING RUN – Sailing downwind 5-10° shy of the dead downwind angle. | 侧顺风——与正顺风呈5-10°夹角的顺风行驶。 |
| 302 | TRANSIT – Sighting two objects in line. | 参照物测量——瞄准两个物体为一线。 |
| 303 | TRANSOM – Transverse aft end of a boat. | 尾板——船横向的最尾部。 |
| 304 | TRAVELLER – Fitting on a rope or track with limited travel used to adjust the mainsheet. | 主缭滑轨——安装有绳子或滑轮组来限制来回滑动,用于调节主帆。 |
| 305 | TRIM – To adjust the sails to suit the wind direction. | 调帆——调整帆以适应风向。 |
| 306 | TRIMARAN – Three-hulled multihull. | 三体船——3个船体的多体船。 |
| 307 | TRUCKER'S HITCH – Knot used to tension a tie rope. | 车夫结——用来收紧绳索的绳结。 |
| 308 | TRUE WIND – Direction and velocity of wind measured at a stationary position. | 真风——在固定不动的位置测得的风的方向和速度。 |

| 309 | TUGMAN'S HITCH – Knot to secure towing strop to winch. | 拖缆结——将拖带绳固定到绞盘上的绳结。 |
| 310 | TWIST – Difference in angle to the wind between the top and bottom of a sail. | 扭转度——帆顶部和底部与风的夹角差。 |

## U

| 311 | UNSTAYED MAST – Mast without standing rigging. | 无支索桅杆——没有纵向索具的桅杆。 |
| 312 | UPHAUL – Control line to adjust the height of the spinnaker pole. | 提拉索——调整球帆杆高度的控制绳索。 |
| 313 | UPWIND – Any course closer to the wind than a beam reach. | 迎风——所有比正横风更靠近风的航线。 |

## V

| 314 | VANG – Multi-purchase system or lever, also known as a kicking strap, to prevent the boom from rising and control the shape of the mainsail. | 斜拉器——多组合滑轮系统或操作杆，也被称为斜拉带，作用是防止帆杆抬起及控制主帆帆型。 |
| 315 | VARIATION – Difference in angle between True North and Magnetic North. | 罗径磁差——真北和磁北之间的角度差。 |
| 316 | VMG – Velocity made good. | VMG——有效航速（航速矢量在真风方向上的投影）。 |

## W

| 317 | WAKE – Turbulence left astern of a moving boat. | 尾浪——船行驶过后船尾产生的湍流。 |
| 318 | WARP – Rope used to moor a boat. | 锚绳——用于系泊船的绳索。 |
| 319 | WEATHER HELM – A sailing boat, which requires its tiller to be held up towards the weather side to counter the boat's natural tendency to luff, is said to carry 'weather helm'. This condition signifies that the rig is out of balance with the hull. | 迎偏舵——船需要将舵拉向上风侧以抵消船迎风偏转的自然趋势，此时被称为"迎偏舵"。这种情况发生时说明帆具已与船体失去了平衡。 |
| 320 | WEATHER SHORE – Shoreline where the wind is blowing offshore. | 上风岸——风离岸吹走的海岸线。 |
| 321 | WETTED SURFACE – Total underwater area of the hull. | 湿水面积——船体水下部分的总面积。 |
| 322 | WINCH – Capstan used to tension sail sheets and halyards. | 绞盘——用于收紧缭绳和升帆索的绞盘。 |

| 323 | WINDAGE – Drag caused by the boat and crew. | 风阻——船和船员造成的阻力。 |
| 324 | WIND GRADIENT – Difference in wind speed close to the water and a certain height above it such as the masthead. This is not the same as gradient wind, which refers to changes in barometric pressure. | 风速梯度——靠近水面与其上方一定高度（如桅顶）之间的风速差。其不同于梯度风，后者是由大气压强的变化而产生的。 |
| 325 | WINDLASS – SeeWinch. | 卷扬机——见绞盘。 |
| 326 | WINDWARD – Towards the wind; opposite of leeward. | 上风侧——朝向风的一侧，与下风侧相反。 |
| 327 | WORKING END – End of a rope used to tie a knot. | 绳尾端——用于打绳结的绳子末端。 |

# 致谢

我们要感谢 UKSA 协助编写了本书，特别是 Jon Ely 和 Simon Rowell，他们的建议和贡献是无价的。他们解答了疑惑，安排了章节结构，并在许多领域出谋划策。UKSA 是一个位于考斯（Cowes）的机构，致力于通过海上活动改变人们的生活，每年培训来自不同背景和不同层次的近 7500 人。从 8 岁的儿童学习水上运动技能，到全方位 RYA 资质，再到 MCA 大师 3000gt, UKSA 是水上运动和帆船游艇培训行业的专家。(www.uksa.org)。

我们还必须感谢伊恩米尔斯（Ian Mills）和他的团队在 Performance Laser 上的贡献和设计师托尼卡斯特罗（Tony Castro）允许使用 Laser SB3/SB20 开放式龙骨船，以及 Northshore Yachts，Southerly 摇摆龙骨系列巡航船的制造商，为我们提供了真实的图示。还要特别感谢插画家格雷格·菲利普（Greg Filip），他非常努力地如实重现了 UKSA 教授的方法。

英国奥运帆船队前气象专家、《海上天气》(Weather at Sea) 一书的作者戴维·霍顿 (David Houghton) 也提供了宝贵的建议。

还要感谢罗兰·伊诺（Roland Eno）和 PPL 摄影社的图片研究团队，感谢他们提供了我们为阐明整本书中的特定观点所需的许多照片。我们也感谢 Force 4 Chandlery 为我们提供了摄影器材，感谢 Spinlock 允许我们使用和演示其 Spinlock Deckvest 和安全吊带，感谢 Seldén Mast AB 允许使用前帆卷帆器的图片，并感谢 Marlow Ropes 提供了用于绳结、绳索和活动索具章节的绳索。

人员名单:

所有插图: Greg Filip / PPL 摄影研究: PPL 摄影社。照片: Alberto Mariotti / PPL: 117。Ancasta Yachts: 17。 巴里·皮克索尔 (Barry Pickthall) / PPL: 18、37、38、39、40、41、42、43、44，45，46，47，48，49，50，62，63，64，65，66，67，68，69，70，71，76，86，88，89，113，165，181，185，187，188，195。 丹尼尔·福斯特（Daniel Forster） / 塔尔博特·威尔逊（Talbot Wilson） / PPL: 93。戴夫·波特（Dave Porter） / PPL: 116。 戴夫·斯迈思（Dave Smyth） / PPL: 33。 大卫·弗里曼（David Freeman） / PPL: 114。格雷厄姆·弗兰克斯 （Graham Franks） / PPL: 115。Icom 英国有限公司（Icom

UK Ltd）：182，183。乔恩·纳什（Jon Nash）/ PPL：116，127。勒马尔·马林（Lewmar Marine）：66。马特·埃文斯（Matt Evans）/ PPL：18，22，24，25，26，27，32，MCA：190/1。尼尔·格兰迪（Neil Grundy）/ PPL：34、35、36。尼克·柯克（Nick Kirk）：第6、19、44 / 5，118 页，UKSA：6、7、30、96、115、134、142、152、166、184。北岸游艇：第7、16、17、38、46 / 7、66、67、111、163 页。PPL 摄影社：117、119。雷马琳（Raymarine）：189。RobHumphreys Yacht Design：第 48/9 页。罗伊·罗伯茨（Roy Roberts）/ PPL：113。塞尔登·马茨（Seldén Masts）：72。